KB192687

돌봄과 사회적경제

한뼘문고

07

돌봄과
사회적경제

은민수, 이경미, 장종익, 정무권 지음
돌봄과미래 기획

건강
미디어
협동조합

지은이

은민수

서강대학교 공공정책대학원 대우교수. 정치경제, 정당정치, 복지국가, 조세정책, 주거정치, 복지정치, 소득보장 등과 관련된 교육, 연구, 정책자문 활동 수행

이경미

연세대학교 글로벌행정학과 연구교수. 사회적기업학회 이사. 칼폴라니사회경제연구소 이사. 사회적경제, 지역공동체, 주민자치, 공동생산, 에너지전환, 사회혁신 관련 연구 수행

장종익

한신대학교 글로벌비즈니스학부 및 대학원 사회적경영학과 교수. 협동조합과 사회적경제 분야에서 교육, 연구, 정책 자문, 현장 조직 자문 등의 활동 수행

정무권

복지국가를 전공한 대학교수. 현재는 연세대 미래캠퍼스 글로벌행정학과 명예교수 복지국가와 사회적경제, 지역공동체, 미래의 복지국가 모델을 연구

돌봄과미래

아프다고, 늙었다고, 장애를 가졌다고 병원이나 시설에 가지 않아도 되는 삶, 스스로 인간다운 생을 이어가는 삶, 가족이 돌봄 부담을 떠안지 않는 삶을 만들기 위해 설립된 비영리공익법인이자 사회운동단체임

여러분의 참여로 이 책이 태어납니다.
씨앗과 햇살이 되어주신 분들, 참 고맙습니다.

강대곤 김미희 김성아 김용익 김정은 김혜준 박경덕 박주석 백재중 서동운 송직근
심재식 이경미 이희영 정대훈 조원경 최규진 한상욱 홍수연   (19명)

추천사

문진영 _서강대학교 신학대학원 사회복지학 전공 교수

우리 인간은 평생 돌봄의 관계 속에서 살아갑니다. 어릴 때는 누군가로부터 돌봄을 받아서 자라고, 성인이 되면 누군가에게 돌봄을 주면서 살아가고, 노인이 되면 또 누군가의 돌봄을 받으며 살아갑니다. 따라서 우리는 모두 돌봄의 대상자이자 제공자입니다.

하지만 현재 우리 사회에서 돌봄의 문제는 모든 가정에 짙게 드리운 먹구름과도 같습니다. 왜냐하면 돌봄이 오롯이 가정, 특히 가정 내 약자인 여성의 부담이 되어 이들이 가정에서 '돌봄을 제공'함으로써 본인은 경제적, 사회적으로 의존적 약자로 전락하고 마는 현실 때문입니다. 이런 현실은 개인뿐 아니라 사회적으로도 되돌리지 못할 막대한 손실입니다.

따라서 돌봄서비스는 가족의 일방적인 희생으로 제공되거나 시장에서 구매하는 상품이 아니라, 우리 사회의 공동 부담으로 나누어야 합니다. 하지만 문제는 방법입니다. 누가 어떤 원리로 어떻게 돌봄의 부담을 나눌 것인지 수많은 논의와 연구가 진행되지만 속 시원한 해답을 제시하지 못합니다. 이런 점에서 이 책은 돌봄의 사회화를 위한 최적의 해답을 모색합니다.

구체적으로 이 책은 관계적 복지를 개념화하여, 돌봄이 일상적인 서비스 제공을 넘어 우리 사회의 지속가능성을 높이는 주요한 기제로 정착하는 방안을 제시합니다. 더불어 이런 관계적 돌봄을 수행하기 위한 시민과 지역사회, 전문가, 정부 간의 공동생산(Co-production)의 방식을 제안하며, 특히 돌봄 참여소득이라는 참신한 아이디어를 제시합니다.

결국 이 책에서 주장하는, 사회적경제 원리를 기반으로 하는 관계적 복지의 실현이야말로 현재 우리 사회가 골머리를 앓는 저출생, 고령화 문제뿐만 아니라, 고질적인 세대 갈등, 계층 갈등, 젠더 갈등, 일자리 갈등 문제를 해결하는 실마리를 제공한다고 확신하게 되었습니다.

끝으로 돌봄의 사회화를 위하여 집단 지성을 발휘하여 진지하게 고민하고 현실적인 대안을 제시해 준 저자들에게 감사와 함께 연대적 지지를 보냅니다.

차 례

1장

돌봄의 미래와
사회적경제의 역할

_ 장종익

1. 돌봄의 미래

: 도구적, 기능적 돌봄 복지에서 관계적 돌봄 복지로의 전환

1) 돌봄서비스의 특성

돌봄서비스는 오랫동안 주로 가정에서 가족 구성원 사이에서 제공되었다. 부모는 조부모의 도움을 받아, 태어나서 성인이 될 때까지 자식을 돌보고, 성인이 된 자식은 연로한 부모를 돌보는 방식이 지배적이었다. 그리고 아이를 돌보고 키울 때 이웃이나 마을공동체에서 여러 아이를 함께 돌보고 키우는 일이 보조적으로 이루어졌다.

돌봄서비스는 자본주의가 발전하기 전까지는 가정 내에서 세대 간 호혜의 방식으로, 그리고 이웃과 마을 주민 사이에 호혜와 공동 방식으로 제공되었다. 마을에서 아이들을 함께 돌보며 자연스럽게 주민 사이에 고마운 마음과 신뢰가 형성되었다. 돌봄을 마을 단위에서 해결하면서 마을의 공동체성도 발전하였다.

그러나 자본주의가 발전하면서 대다수 전근대적 농민이 임금노동자로 전환되고, 대가족이 해체되면서 가정에서 주로 이루어지고 마을공동체에서 보완하던 돌봄서비스는 시장에서 거래되거나 공공에 의해서 제공되는 방식으로 바뀌게 된다.

가족과 마을에서 충족되던 돌봄서비스는 '거래 혹은 교환(Transaction or Exchange)' 방식이 아니기 때문에 시장이나 공공에 의한 방식과는 크게 다르다. 전자는 후자에 비하여 경제적 합리성보다는 본능, 사랑, 의무감, 우애의 마음과 관습이 지배적이다. 그러나 돌봄서비스가 거래를 통해 제공되면서 돌봄서비스의 수요자와 공급자 간 거래와 관련된 특성이 두드러지게 나타나게 되면서 돌봄서비스 거래가 효과적으로 조직되지 않을 가능성이 생긴다.

첫째, 돌봄서비스는 서비스 이용자의 돌봄서비스에 대한 필요의 범위, 강도, 그리고 선호가 다양하여 표준화된 규격으로 서비스를 제공하기가 쉽지 않은 특성이 있다. 하루 8시간 돌봄이 필요한 사람도, 간헐적 돌봄이 필요한 사람도, 종일 돌봄이 필요한 사람도 존재한다. 중증 환자나 중증 장애인의 경우에는 강도 높은 수준의 돌봄서비스가 필요한 반면 경증 환자나 경증

장애인의 경우에는 낮은 수준의 돌봄서비스가 요구된다. 육아 서비스의 경우에는 부모의 선호에 따라 원하는 서비스의 내용이 달라진다. 그러므로 돌봄서비스는 이용자 맞춤형 서비스를 제공할 필요가 생긴다.

둘째, 돌봄서비스가 시장 혹은 공공에 의해서 제공될 때, 서비스 가격 수준에 적합한 서비스 품질이 보장되기 어렵다. 그 이유는 품질 측면에서 서비스 이용자에 대한 서비스 공급자의 정보 우위성 때문이다. 놀이방이나 요양원, 환자 간병, 장애인 돌봄 등에서 서비스 수혜자는 상대적으로 취약한 위치에 있기 때문에 서비스 공급자가 서비스 품질을 낮추어도 서비스 수혜자가 충분히 인지하지 못하거나 인지하더라도 적절한 문제 제기가 어렵다. 반대로 재가방문 요양서비스에서는 취약한 돌봄 서비스 노동자에 대한 이용자의 횡포가 나타나기도 한다. 물론 모든 서비스 제공자가 서비스 품질 정보를 악용하여 지대를 편취하는 것은 아니다.

문제는 이런 낮은 품질의 서비스 제공자를 만나게 되었을 때 교체 혹은 환불받기가 쉽지 않다는 점이 세 번째 특성이다. 즉 놀이방이나 요양원, 장애인 돌봄기관, 간병인 등 서비스 제공기관을 한번 선택하게 되면 장기간 서비스를 이용하기 때문에 속박(Lock-in)될 가능성이 높고 교체하고자 하더라도 새로운 서비스 제공기관을 탐색하고 계약을 체결하는 데 이르는 시간과 비용이 큰 편이다(Pestoff, 2009a). 요약하면 돌봄서비스는 상대적으로 거래 비용이 큰 특성을 지닌다.

돌봄서비스의 네 번째 특성은 이용자 민감성 및 이용자와의 소통이 중요하다는 점이다. 즉 돌봄서비스의 품질을 높이고 서비스 이용자의 만족도를 높이기 위해서는 이용자의 목소리에 귀를 기울여 이를 서비스 제공 과정에 반영할 필요가 있다.(양난주 외, 2012).

마지막으로 돌봄서비스는 관계재적(Relational Goods) 특성을 갖는다. 자본주의 상품의 거래는 익명의 비인격적 거래를 특성으로 하는 반면 돌봄서비스는 제공 과정에서 공급자와 이용자의 만남 자체가 즐거우면 양자 모두 만족스러워진다. 관계재는 이용이나 소비를 통해 누리는 유용성이 서비스 제공자와 맺는 관계의 내용이나 밀도에 따라 영향을 받는 재화를 의미한다(Uhlaner, 1989). 돌봄서비스는 양질의 관계 형성을 통해 이용자들에게는 삶의 만족도를 높여주고, 공급자들에게는 보람을 제공한다(Zamagni and Bruni, 2007).

돌봄서비스의 이런 특성은 자본주의 시장에서 거래되는 전형적인 상품에서는 잘 나타나지 않는다. 이로 인해 이윤추구형 기업이 서비스를 공급하게 되면 우리나라처럼 규제된 가격 제도하에서는 서비스 품질 저하를 통하여 이윤을 추구할 경향이 높아진다. 이용자는 자신의 선호 등에 관한 정보가 이윤추구형 기업에 의하여 악용될 가능성을 우려하여 소통을 꺼리게 되어 효과적인 서비스 공급을 실현하는 데 실패하게 된다(Hansmann, 1996; Pestoff, 2009a). 이런 시장 실패를 해결하고 보편적 복지체제를 실현하기 위하여 2차 세계대전 이후에 서유럽에서는 공공기관을 통한 서비스 공급이 확대되었다.

그러나 공공기관을 통하여 서비스를 공급하게 되면 이윤을 추구할 가능성은 낮아지지만 서비스 공무원의 실적주의에 의한 무성의한 서비스 제공 경향이 나타날 수 있다. 서비스 공급 기준의 규격화와 경직성으로 인하여 효과적인 서비스 공급이 실패하기도 한다(Borzaga et al., 2012; Cottam, 2018).

시장 실패를 주로 문제시하는 정책전문가들은 복지주의(Welfarism)와 전문가주의(Professionalism)를 강조하는 반면에 위에서 서술한 공공서비스 공급방식의 한계를 과소평가하고 이용자를 전문적인 서비스의 대상으로 취급하기 때문에 이용자의 참여 여지를 고려하지 않는 경향을 보인다.

반면에 정부 실패를 해결해야 한다고 주장하는 신자유주의 정당 정부가 최근에 주로 채택하는 소비자주의(Consumerism)와 경영자주의(Managerism)는 소비자의 선택을 강조하고 공공 섹터의 관료화를 지적하지만 시장 실패의 문제와 소비자의 의견 수렴이나 참여 여지를 고려하지 않는 경향이 강하다. 이런 이유로 돌봄서비스 영역에서는 이윤추구형 기업과 공공기관뿐만 아니라 비영리단체, 협동조합 그리고 최근에는 사회적기업이 서비스 제공기관으로 발전해 왔다.

2) 전통적 복지국가 모델의 한계와 21세기 돌봄의 미래

서유럽에서 2차 세계대전 후 등장한 케인즈주의 복지국가에 기초한 복지 모델은 영국과 미국, 남부 유럽, 독일, 북유럽 등에 따라 서로 다른 유형으로 발전하였다. 그러나 모두 기본적으로 자본주의 시장의 완전고용을 전제로 하여 이에 필요한 육아 및 교육 지원, 일시적 실업에 따른 수당과 직업훈련 제공, 산재와 같은 사회보험 및 연금제도 구축, 그리고 질병 및 사고에 대응하는 의료지원 시스템 구축을 핵심으로 한다.

이런 현대 복지국가 시스템의 기초를 정립한 1942년의 『베버리지 보고서』는 빈곤의 퇴치와 보편적인 복지국가를 지향하였다는 점에서 혁신적이었지만 반세기가 지난 1980년대 이후에 한계가 나타나기 시작하였다. 우선 복지지출 항목의 지속적인 확대와 1인당 지출 부담이 증가하면서 재정 부담이 크게 증가하였다. 이런 재정 부담을 억제하기 위한 관리 비용도 증가하였으며 공공복지의 관료화도 심화되었다. 또한 공공복지서비스의 표준화, 규모화, 행정전달체계의 사용 등으로 서비스가 분절화되어 서비스 수혜자의 다양한 수요에 적합한 맞춤형 서비스 제공이 어렵게 되었다. 이에 복지지출은 늘어나는 반면에 공공복지의 효과성은 정체되면서 전통적인 복지국가 모델에 대한 신뢰가 낮아졌다. 여기에 1980년대에 영국과 미국을 중심으로 강화된 신자유주의는 공공의 영역에서 시장의 논리를 확대하여 공공복지를 경제성장에 복속시키는 성장의 도구화를 강화하였다(정무권, 2023).

그리하여 20세기의 복지국가 모델은 표적 대상의 필요를 전문가의 서비스 구매를 통하여 해결하거나 관리하는 방식이었고, 정부의 복지는 시민의 욕구를 충족하기 위한 도구적 관점이 지배적이었다.

『베버리지 보고서』에 기초한 20세기 복지국가 모델은 21세기의 커다란 변화에 조응하기에는 근본적으로 한계가 있었다. 고령화와 노동의 세계적 위기, 빈곤과 불평등, 가족의 해체, 당뇨, 각종 암, 비만, 정신질환 등 증가하는 만성질환자 등의 문제에 직면하는 21세기에는 평생 직장 구조에서 생기는 일시적 중단을 관리하기 위한 체계로 고안된 20세기 복지국가 모델의 효과성이 저하되었다(Cottam, 2018).

이런 20세기 복지국가 모델의 근본적인 한계를 지적하고 도구적이고 기능주의적인 기존 복지국가 모델에서 관계형 복지로의 근본적인 전환이 필요하다는 주장이 늘어나고 있다(Cottam, 2018; 정무권, 2023). 베버리지는 1946년에 작성한 보고

서에서 자신이 시민과 지역사회의 힘을 경시하고 그 힘을 제한하였음을 후회한다고 말했다. 그리고 시민들의 욕구를 파악하고 해결책을 고안해내는 데는 차가운 위계조직과 중립적 계약 관계보다 지역사회 공동체와 사회적 관계가 훨씬 낫다는 점을 깨닫게 되었다고 한다(Cottam, 2018).

21세기 돌봄의 미래는 시민들의 좋은 삶을 위한 역량의 개발에 초점을 맞추어야 하고 서로 돌보고 모두를 돌보는 개방적인 접근과 관계 중심의 문화에 기초하여 다양한 자원을 연결하는 전략이 필요하다(Cottam, 2018, [표 1] 참조).

최근에 유럽과 우리나라에서 추진되는 커뮤니티 케어 정책은 이런 흐름을 반영한다. 커뮤니틴 케어는 '인간이 자신의 삶을 결정하고 최대한의 독립성을 달성할 수 있도록 도와주고 적절한 개입을 제공하는' 의미의 탈시설 그리고 자신의 집에서의

[표 1] 20세기의 복지와 21세기의 관계적 돌봄의 원칙 비교

	20세기 복지	21세기 관계적 돌봄
목적	문제 해결	좋은 삶의 성장
초점	필요의 관리	역량의 개발
문화	매매와 거래의 문화	관계 중심의 문화
지원조직의 역할	돈의 흐름을 관리	다양한 자원을 연결
	위험을 진정시킴	가능성을 창출함
대상	폐쇄적: 표적 대상만을 돌봄	개방적: 모두를 돌봄

출처 : Cottam, 2018

돌봄을 목적으로 한다. 이의 성공을 위해서는 가족, 이웃공동체, 사회적경제, 공공기관 간 협력 및 전문가와 이용자의 협력이 중요하며, 의료 및 건강전문가와 돌봄 및 복지전문가의 협력도 중요한 것으로 나타났다(Means 외, 2008).

그러므로 복지를 시민들의 욕구 충족의 도구적 관점이 아니라 개인들의 역량과 지역 단위의 역량을 키우고 지역사회의 사회적 관계망을 유기적으로 형성하고 호혜적으로 자신들의 문제와 지역의 문제를 협력해서 해결하는 역량을 키워나가는 방향으로 제도와 정책을 설계할 필요가 있다(정무권, 2023). 그래서 돌봄의 미래를 열어가는 데 사회적경제의 역할이 주목받는다.

2. 사회적경제의 정체성과
돌봄서비스 제공에서 사회적경제의 장점

1) 사회적경제의 정체성과 다차원적 역할

사회적경제는 조합원, 주민의 사회경제적 필요에 기반하고 호혜와 연대 및 민주적 참여의 원리에 기초하여 경제활동을 수행하는 협동조합, 사회적협동조합, 상호부조조직, 사단법인, 재단법인, 사회적기업 등과 그 연대조직을 지칭하며, 인간 중심의 경제와 사회의 형성을 목적으로 하는 경제영역이다.

사회적경제 관점은 경제영역에서도 사회적 논리가 실현된다는 것인데, 이는 20세기 경제사회학자 폴라니(Polanyi, 1944)의 경제사상과 가장 많이 일치한다. 폴라니의 사상을 사회적경제와 직접적으로 연결시켜 보기 위한 세 가지 핵심 요소는 '살림살이'로서의 경제, '연대'로서의 사회, 규범적 기준으로서의 '좋은 삶'으로 요약된다(홍기빈 외, 2015).

폴라니의 이 세 가지 핵심 요소를 바탕으로 정의하는 사회적경제는 '개인과 전체의 좋은 삶에 필요한 것들을 사람들의 자발적이고 전면적인 연대를 통하여 조달해 나가는 활동과 영역'이다. 이런 사회적경제에 관한 정의는 사회적경제를 자본주의적 시장체제 보완의 관점에서 더 나아가 사회로부터 이탈된 경제의 재구성이라는 점에서 대안 혹은 사회혁신의 관점에 근접한다(홍기빈 외, 2015).

사회적경제 기업 및 사회적경제 섹터는 자본주의적 기업과 추구하는 가치 측면에서 적지 않은 차이를 갖는데, 그 차이점은 크게 세 가지로 나눈다([그림 1]). 첫째, 자본주의적 기업은 자본 및 이윤 중심으로 운영되는 반면에 사회적경제 기업은 사람 및 사람의 성장에 초점을 맞춘다. 사람의 주체성 측면과 사회에서 어려운 구성원에 대한 포용의 관점이 포함되었다. 협동조합이 추구하는 가치에 관한 성명서에서 다음과 같이 서술되

[그림 1] 사회적경제의 주요 역할

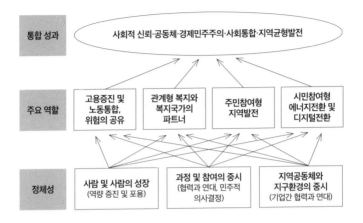

였다. "모든 사람이 자신의 운명을 스스로 개척하고 또 그렇게 노력해야 한다는 믿음에 바탕을 두었으며, 동시에 협동조합은 개인의 발전이 타인의 관계 속에서만 온전히 실현된다고 믿는 다"(MacPherson, 1996).

선진국 중에서 다양한 분야, 다양한 유형의 협동조합이 가장 발달한 이탈리아에서는 다음과 같이 조합원의 중요성을 강조한다. "조합원은 모든 형태의 상호활동의 출발점이며, 협동조합이 행동을 취할 때 가장 먼저 고려해야 할 존재이다", "모든 협동조합이 공통의 목표를 달성하기 위해서는 노동의 가치, 용기와 지적 창조성, 전문성, 그리고 함께 일하는 능력을 향상시켜야 한다"(이탈리아 레가협동조합연맹 헌장, 1995).

취약계층에 적합한 일자리 창출을 통하여 사회통합을 실현하는 노동통합형 사회적기업은 취약계층을 복지서비스의 단순 수혜자로 보지 않는다. 자신의 운명을 개척해 나가는 역량을 증진할 수 있다고 믿고 그러한 역량 증진을 위한 조력자로서 사회적기업의 역할을 강조한다(Borzaga and Defourny, 2001).

많은 선진국에서 사회적기업은 노동시장에서 배제된 사람들에게 적합한 일자리를 제공하고 역량을 증진하여 자활을 도모하도록 하는 노동통합형 사회적기업이나 취약계층에 대한 사회서비스를 제공하는 역할을 수행하면서 등장하였다. 이런 이유로 사회적기업은 선진국에서 사람 중심의 포용적 성장의 중요한 전략으로 채택되었다.

둘째, 자본주의적 기업은 과정보다는 경제 결과에 초점에 맞추는 반면 사회적경제 기업은 재화 및 서비스의 생산 및 공급 과정에서 구성원 및 이해관계자들의 참여(Participation)에 초점을 맞춘다(OECD, 2020). 사회적경제 기업의 경제활동에서 구성원의 참여는 협력 및 연대의 측면과 의사결정 과정의 민주주의 측면으로 나누어보기가 가능하다.

스페인과 이탈리아 노동자협동조합에서는 노동자 조합원들이 동료들과 협력하여 일하며 급여 연대 등으로 고용의 안정을 위해 연대와 평등을 추구한다. 프랑스와 독일의 사업자협동조합에서는 소규모 사업자 조합원들이 비즈니스의 노하우를 공유하고 어려운 처지에 놓인 조합원들을 돕는 연대의 정신을 실천하여 경영 및 고용의 안정을 도모한다.

시장에서 실현되지 않는 사회적 가치를 생산하는 사회적기업은 자원봉사자, 재능기부자, 윤리적 투자자, 윤리적 소비자 등의 협력과 연대의 틀을 마련해야 지속가능한데, 사회적기업 및 사회적 금융의 확산은 이를 증명한다. 이런 협동조합에서의 조합원, 그리고 사회적기업의 다양한 이해관계자들의 참여와 협력을 이끌어내기 위해서는 기업 지배구조의 투명성과 의사결정 과정에서의 민주주의가 매우 중요하게 된다.

셋째, 자본주의적 기업은 기업 간 경쟁을 기본 원리로 하는 반면에 사회적경제 기업은 기업 간 협력과 연대를 기본 원리로 채택한다(OECD, 2020). 사회적경제 기업은 사람의 성장, 공동체의 가치 증진, 지역사회 문제의 해결, 환경의 보호 등 인간과 사회적 가치를 추구하기 때문에 개별기업 차원보다는 기업 간 협력과 연대를 통하여 더 큰 성과를 낸다고 믿는 경향이 있기 때문이다.

예를 들면, 소비자협동조합과 신용협동조합은 대부분 사업연합(Business Federation)을 채택한다. 이탈리아, 독일, 프랑스, 캐나다 퀘벡 등에서의 노동자협동조합과 사업자협동조합은 클러스터, 컨소시엄, 사업연계 등을 채택한다. 이탈리아 사회적협동조합에서는 컨소시엄을 통하여 다른 협동조합과 협력한다(장종익, 2023).

많은 사회적기업은 지역사회 내에서 공동 프로젝트 수행을 위한 컨소시엄을 결성하기도 한다. 지역 차원 혹은 전국 차원의 사회적경제 섹터는 공동기금을 조성하여 새로운 사회문제 해결에 필요한 새로운 사회적경제 기업의 인큐베이팅이나 새로운 프로젝트의 추진 등에 기금을 투자하는 방식으로 사회적경제 기업간 협력과 연대가 이루어진다(장종익, 2023).

사람 중심 및 사람의 성장 관점, 의사결정 과정 및 서비스의 생산 과정의 이해관계자 참여, 그리고 협력과 연대의 관점 등을 가치 또는 운영원리로 하는 사회적경제의 특징([그림 1] 참조)으로 인하여, 사회적경제는 이윤추구형 기업이나 공공 섹터에 비하여 상대적으로 사회에 효과적으로 기여하는 영역이 될 수 있다.

유럽연합에서는 사회적경제가 사회통합, 지역발전, 혁신, 경쟁척도 기능 및 기업 민주주의, 노동시장에서의 고용증진 및 격차 해소 기능 등의 역할을 수행한다고 평가한다(Chaves and Monzón, 2007).

2007년에 발간된 경제개발협력기구(OECD)의 한 보고서는 지역발전과 사회적 자본의 증진, 그리고 사회통합에 있어서 사회적경제의 역할을 강조한다(Noya and Clarence, 2007). 최근에 발간된 다른 보고서는 코로나19 사태를 겪으면서 사회적경제가 시장 실패와 정부 실패에 대처하는 역량과 자산을 가진다는 점을 보여주었다고 평가한다(OECD, 2020). 코로나19 사태 기간에 사회적경제는 건강과 사회서비스와 관련된 중요한 서비스를 제공하였고, 위기 시기에 도움이 필요한 사람들에게 서비스를 제공하기 위하여 자신들의 활동을 조정하였다. 가장 취약한 계층을 지원하기 위하여 지방정부와 파트너십을 형성하였으며, 정부가 구체적인 상향식 해법을 가지고 위기에 대처하도록 도와주는 역할을 수행하였다고 평가한다.

이상의 내용에 따라 사회적경제의 역할은 다음 네 가지로 정리된다.

첫째, 사회적경제는 취약계층의 일자리 제공을 통한 노동통합, 영세기업 종사자들의 협력과 연대, 위기 시 고용안정과 기업 민주주의에 기여하는 노동자협동조합 등을 통한 고용 증진 및 사회통합의 역할을 수행한다(ILO, 2022).

둘째, 사회적경제는 서비스 수혜자 및 이해관계자의 참여형 구조로 인하여 다양한 계층에 대한 돌봄서비스 등 사회서비스의 제공에 있어서 서비스 수혜자 만족적이고 비용 효과적인 장점이 있어 정부 복지정책의 파트너로서 역할을 수행한다(Pestoff, 2009a; Borzaga and Galera, 2016).

셋째, 사회적경제는 공동체 이익 추구와 이해관계자의 참여적 특징으로 인하여 사적 재화의 확산이 어렵고 집단재의 생산이 필요한 지역에서 주민참여형, 주민조직 주도형 지역발전 전략으로 유효하다(Greffe, 2007; Borzaga and Tortia, 2007).

넷째, 사회적경제는 기후 위기 등에 대응하여 시민참여형 에너지 전환 및 환경친화적 비즈니스 추진체로서 역할을 수행하며, 플랫폼 경제의 독점성 및 노동 배제 경향 등 부작용에 대한 하나의 대안으로 역할을 수행한다(Bansal et al., 2019; EURICSE · ICA, 2020; Scholz, 2016).

사회적경제 개념을 비영리 섹터 개념과 비교하여 살펴보면 사회적경제의 정체성이 보다 명확하게 드러난다. 제3섹터에 관한 비영리 조직적 접근은 자신을 시장 섹터나 공공 섹터가 충족시키지 못하는 사회적 필요를 제공하는 부문이라고 설정한다. 이 관점은 구매력이 부족하여 냉혹한 시장 시스템을 통해서는 충족되지 않거나 정부의 제한된 사회보장 시스템에 의하여 충족되지 않는 사회적 필요를 충족시키기 위해서는 제3유형의 자원과 동기(Motivation)가 요구된다는 것이다. 이런 이유로 인하여 영국에서의 자원봉사와 자선단체 그리고 미국에서의 재단 등에 기초한 앵글로색슨의 개념은 박애주의와 비영리 기준의 가치를 강조한다.

반면에 제3섹터에 관한 사회적경제 관점은 자신을 '시장'과 '국가' 사이에 위치 지우는 것이 아니라 '자본주의적' 섹터와

'공공'섹터 사이에 설정한다. 민간 영역에는 자본투자자를 보상하기 위하여 활동하는 자본주의적 부문만이 아니라 사회적 필요를 충족시키기 위하여 활동하는 조직들로 구성된 사회적 유용성의 부문도 존재한다는 관점이다. 이처럼 사회적경제 개념에 의해서 접근된 제3섹터는 스스로를 남겨진 부문(Residual Sector)이라고 규정하기보다는 공공부문과 자본주의적 민간부문과 더불어 한 경제사회의 중요한 제도적 부문으로 설정한다 (Monzón and Chaves, 2012; 장종익, 2019a).

2) 돌봄서비스 제공에 있어서 사회적경제의 장점

인간의 역량 증진 및 포용의 관점, 과정 및 참여를 중시하고 구성원뿐만 아니라 조직 간에 협력과 연대의 운영원리를 실현하는 사회적경제 섹터는 앞에서 설명한 21세기 돌봄의 미래의 원리와 맥을 같이 한다. 국가의 돌봄서비스 제공을 경제성장을 위한 도구적 관점이 아니라 서비스 수혜자 즉, 시민의 좋은 삶과 그 삶의 주인공으로서 역량 함양에 기여하는 것을 목표를 설정한다. 이를 위해 다양한 관계와 자원을 연결시켜 주는 조직적 주체로서 역할을 사회적경제가 담당하게 된다. 이런 측면에서 사회적경제는 21세기 복지국가에서 관계형 복지의 중요한 파트너 역할을 수행한다.

돌봄서비스를 사회적경제를 통해 제공하면 영리형 민간 서비스 기업이나 공공형 서비스 기업, 그리고 전통적 비영리 복지법인에 비해 상대적인 장점이 발휘된다(Borzaga 외, 2012).

우선 사회적경제 기업은 이윤추구를 목적으로 하지 않고 로컬 커뮤니티에 뿌리를 두고 설립되는 것이 일반적이다. 이런 사회적경제 기업은 지역사회 내 다양한 이해관계자와 목표를 공유하여 그들과 신뢰 관계를 강화하고 협력적 방식으로 기부 혹은 자원봉사와 같은 비시장 자원도 조달하여 서비스를 제공한다. 그리고 사회적경제 기업은 영리형 기업보다 서비스 품질에서의 정직성이 높고 효율적이다. 즉 사회적경제 기업은 설립 목적과 설립 배경, 그리고 자원 조달 방식의 측면에서 볼 때, 앞에서 설명한 돌봄서비스 거래와 관련된 중요한 특성 중 하나인 서비스 품질에 관한 공급자의 정보 우위에 입각한 지대 편취의 가능성이 낮은 편이다.

다음으로 사회적경제 기업은 공공형 서비스 기업에 비해 유연성이 높아 서비스 이용자의 다양한 선호와 처지를 고려한 맞춤형 서비스를 제공할 가능성이 크다. 그리고 사회적경제 기업의 리더와 종사자들은 비금전적 동기가 상대적으로 강하여 기회주의적 행동의 가능성이 적은 장점이 있다.

마지막으로 사회적경제 기업은 전통적 비영리 복지법인에 비해 의사결정에 종사자와 수혜자 등 이해관계자가 참여하여 그들의 이해를 반영하는 구조를 갖는다. 그리하여 이용자와 소통이 보다 원활하고, 종사자의 자기 주도성도 커진다.

물론 사회적경제가 모든 돌봄서비스 영역에서 효과적인 건 아니다. 고의료, 고요양, 고돌봄을 필요로 하는 상대적으로 소수의 사람에 대해서는 공공 섹터와 전문가에 의한 두터운 서비스가 제공될 필요가 있다. 반면에 저의료, 저요양, 저돌봄이 필요한 다수의 사람에 대해서는 사회적경제 방식이 보다 효과적일 수 있다.

돌봄서비스 공급에서 사회적경제 기업이 큰 비중을 차지하는 프랑스와 이탈리아에서 사회적경제 기업의 참여가 활발한 서비스는 취약계층을 대상으로 하는 서비스이거나, 상대적으로 전문성이 크게 요구되지 않는 사업이며, 사회보장의 분권화와 사회서비스 공급자로서 지방정부의 역할 강화가 확인된다 (노대명 외, 2017).

그리고 사회적경제는 지역주민이 참여하는 다양한 건강모임과 학습모임, 놀이모임, 취미모임을 통해 지역주민의 육체적, 정신적 활력을 유지하고 좋은 관계를 유지하는 데 기여하여 건강 유지에 매우 효과적인 조직으로 알려져 있다(장종익, 2019b).

그러므로 사회적경제 원리는 힐러리 코탐이 말했듯이 영국에서 붕괴된 가족의 대안적 관계를 회복하고, 관계형 네트워크 조직을 지역사회 내에서 구축하며, 개인의 지적, 정서적, 관계적 역량을 함양하며, 노노케어의 관계를 형성하여 지역사회 내에서 좋은 일자리의 창출, 서로 돌보고 지원하는 관계를 창출하여 대안적 복지국가의 모델을 실천하는 원리와 다르지 않다 (Cottam, 2018).

3. 돌봄 사회에 기여하는 국내외 사회적경제의 매핑

사회적경제를 통해 관계형 돌봄 사회를 구축하는 사례는 다양하다. 사례들은 크게 네 가지 유형으로 나누어진다.

첫 번째 유형은 서비스 수혜자들이 중심이 되어 서로 협력하고 서비스 종사자와 협력하여 서비스 제공 기업을 운영하는 경우이다. 의료복지사회적협동조합[1], 공동육아사회적협동조합[2], 발달장애인사회적협동조합[3] 등이 여기에 해당한다.

두 번째 유형은 서비스 종사자들이 협력하여 서비스 제공 기업을 운영하는 경우이다. 요양보호사, 간병인, 사회복지사 등이 중심이 되어 운영하는 사회적협동조합 도우누리, 가사서비스

---

1. 한국의료복지사회적협동조합연합회 홈페이지(www.hwsocoop.or.kr)와 가장 오래된 안성의료복지사회적협동조합 홈페이지(asmedcoop.or.kr), 그리고 안성의료복지사회적협동조합 사례연구 문헌(www.socialenterprise.or.kr) 참조.
2. 공동육아와 공동체교육 홈페이지(www.gongdong.or.kr/) 참조.
3. 발달장애인이종협동조합연합회 홈페이지(www.coopbackup.com/)와 대표적인 꿈고래사회적협동조합 홈페이지(dreamwhale.org/) 참조.

제공자들이 중심이 되어 설립한 사회적기업 돌봄세상 등이 여기에 해당한다[4].

세 번째 유형은 비영리 재단법인 중심이 되어 설립되지만 종사자와 수혜자 대표들이 의사결정기구에 참여하는 사회적기업의 경우이다. 대표적으로 간병인의 일터 혁신을 통하여 서비스 수혜자의 만족도를 제고하기 위하여 설립된 사회적기업 다솜이재단[5]이 여기에 해당한다.

마지막으로 마을이나 공동주택 등에서 서로 돌보고 함께 돌보는 비공식적 조직을 운영하는 경우이다. 위스테이별내사회적협동조합, 위스테이지축사회적협동조합, 은혜공동체주택협동조합, 대구안심마을, 아산시 송악동네사람들이 여기에 해당한다[6].

그리고 사회적경제가 이런 관계형 돌봄 사회의 실현을 위해서는 정부의 돌봄 정책이 매우 중요한 역할을 수행한다. 우선 기존 돌봄서비스 사회적경제 기업의 자발적인 노력을 촉진하기 위한 다양한 지원정책이 필요하다. 사회복지학, 재활학, 행

---

4. 사회적협동조합 도우누리 홈페이지(www.gjcare.net/)와 사회적기업 돌봄세상 홈페이지(www.care-world.co.kr/), 그리고 도우누리 사례연구 문헌(www.socialenterprise.or.kr) 참조.

5. 다솜이재단 홈페이지(www.dasomi.org) 참조.

6. 위스테이별내사회적협동조합 홈페이지(westayb.modoo.at/), 은혜공동체주택협동조합에 관한 도서(공유주택 은공1호 이야기, 오늘, 2023), 대구안심마을에 대한 집중 취재 기사(www.lifein.news/news/articleView.html?idxno=15130), 송악동네사람들 홈페이지(www.songakpeople.com) 참조.

정학 등에서 시민참여형 및 공공부문과 사회적경제가 협력을 통하여 문제를 해결하는 방식에 대한 교육프로그램이 개발될 필요가 있다. 정치와 정책이 시민의 참여와 서비스 수혜자와 제공자 간의 협력을 촉진하는 방향으로 설계되고 시행될 필요가 있다는 인식하에 덜 표준화된 서비스 공급 정책과 복지 다원주의를 채택할 필요가 있다(Pestoff, 2009a).

2장

관계적 복지 Relational Welfare
: 미래의 돌봄과
사회적경제의 중심 개념

_ 정무권

1. 왜 미래사회에는 관계적 복지가 필요한가?

저출생, 고령화, 산업구조의 변화, 그리고 젠더 문제는 돌봄을 미래 복지국가의 중심 역할로 빠르게 전환시킨다. 특히 지난 코로나19 팬데믹은 사회적 격리와 셧다운으로 건강과 돌봄의 위기 문제를 더욱 실감하게 만들었다. 뿐만 아니라 경제를 급격히 위축시키면서 생산과 고용의 문제에 심각하게 영향을 미쳤다. 사회문화적으로도 고립이 사람과 사람의 관계에서 얼마나 위험한가를 보여주었다.

더욱이 최근의 기후변동은 감염병 위기와 함께 기후변화라는 지구환경의 위기를 점점 더 실감하게 만들었다. 이제 돌봄의 위기는 자본주의 체제 위기의 사회적 재생산의 문제에서부터 생태적 위기로 확대되면서, 현대 문명의 총체적 위기의 중심 문제로 인식된다.

지금의 복지국가 틀은 현재와 같은 경제적, 정치적, 사회적 시대 변화에 대응할 수 있을까에 대한 근본적인 질문이 필요하다. 그 대안으로 인간과 사회에 대한 존재론적 관점에서 근본적인 성찰부터 시작하여, 현재의 신자유주의화에 경도된 자본주의를 다시 인간화된 자본주의 구조로 바꾸고 복지국가를 재설계할 필요가 제기된다.

미래사회의 대안적 복지 개념으로 '관계적 복지' 개념을 제안한다. 관계적 복지의 개념과 이론, 제도 설계는 이제 시작 단계이다. 앞으로 계속 연구가 필요한 주제이다.

이 장은 기본적으로 돌봄 문제 해결을 위해 사회적경제의 역할에 초점을 둔다. 관계적 복지는 돌봄 문제의 본질과 사회적경제의 역할을 이해하고 올바른 방향으로 제도를 설계하는 데 중요한 개념이다. 이런 맥락에서 우리에게 아직 낯선 개념인 관계적 복지를 설명하는 데에 주로 초점을 둔다. 다음으로 관계적 복지 관점이 돌봄 문제 해결의 방향을 사회적 경제와 어떻게 연계되는지를 간략하게 논의한다.

2. 관계적 복지의 개념과 특징

1) 기존의 복지 개념 비판과 관계적 복지로 재구성

(1) 복지 개념의 존재론적 재구성 : 원자화된 개인주의 존재론에서 관계적 존재론으로

왜 새로운 대안적 복지의 개념에 존재론적 관점이 필요한 가? 존재론이란 어떤 현상, 물질의 존재에 관한 이론을 의미한 다. 인간사회의 존재론은 인간 세계, 세상, 사회의 존재를 어떻 게 볼 것인가에 관한 이론을 의미한다. 세상이 작동되는 메커 니즘을 이해하고, 그것에 기반하여 세상에 대한 지식이 축적되 고, 이에 따라 제도가 만들어지고 개인들의 동기부여와 행동에 영향을 주는 철학적, 방법론적 논리의 기반은 존재론에서 시작 된다(Gergen, 2009; Macintyre, 2007; Taylor, 1989; Archer, 1995, 2007; Bhaskar, 1975).

현대사회의 주류 자본주의 질서와 자유주의 정치 질서를 지 탱하는 존재론적 기초는 원자화된 개인주의 관점과 이기적 인 간의 본성을 가정하는 공리주의에 바탕을 둔다. 그리고 현대 경제학을 비롯해 사회과학 지식의 주류와 정책과 제도 설계는 원자화된 개인주의적 존재론에 암묵적으로 근거하여 경험주의 와 실증주의적 인식론에 기초하여 고도로 발전하였다.

그런데 현재 발생하는 복합적 글로벌 위기들을 설명하거나 해결의 실마리를 더 이상 보여 주지 못한다. 이는 바로 지금까 지 사회구조의 작동원리에 대한 지식의 한계와 그 존재론의 기 반이 흔들린다는 것을 보여준다. 결과적으로 지금까지 자본주의 물질문명과 제도가 만들어지고, 또한 지금의 위기들이 나타나기까지 우리의 경제, 정치, 사회관계를 지배했던 우리의 존재 의미에 대한 깊이 있는 성찰이 부족했다는 것을 의미한다.

현재 우리를 지배하는 복지의 개념은 자본주의 시장경제를 중심으로 이기적인 개인들이 치열한 경쟁을 통해 소비를 통한 만족과 행복을 추구하는 성장 중심의 세계관에 기반한다(정무권, 2023; 조성은 외, 2023). 개인들이 더 높은 소득과 지위를 얻기 위해 경쟁을 벌이는 무한 경쟁 시대가 되었다. 그 과정에서 사람에 대한 가치와 존중이 무너지면서 다양한 영역에서 격차와 불평등과 차별이 심화되었다. 양적 경제성장을 위해 무차별적 생산이 이루어지고 자연자원의 과도한 사용과 탄소 배출로 현재 우리는 기후변화를 비롯해 코로나19 팬데믹과 같은 감염병 위기를 겪는다.

이제는 경제와 복지에 대한 개념과 패러다임이 바뀌어야 한다. 코로나19 팬데믹을 통해 우리가 경험했듯이, 보건의료, 돌봄, 배달 등 다양한 영역에서 시장가격으로는 하찮은 일이라도 우리 모두에게 필수적인 직업과 노동에 대한 존중이 필요하다. 경제성장은 수단이지 목적이 아니다. 복지 또한 생계유지나 경제성장을 위한 수단이 아니다.

복지의 진정한 목적은 무엇인가? 가장 중요한 것은 사람이다. 인간다운 삶을 사는 것이다. 복지는 생계비 보조와 같은 금

전적 보상이나 서비스로 당장 결핍된 욕구를 충족시켜주는 것으로 충분하지 않다. 우리는 '행복이란 무엇인가? 좋은 삶이란 무엇인가?'에 대한 본질적 성찰이 필요한 시점에 도달했다. 존재론적 관점에서 개인은 인간으로서 타자와 사회, 그리고 자연과 함께 서로 영향을 주고, 의존하는 상호적, 공생적 존재라는 관계적 존재론으로 전환이 필요하다.

(2) 관계적 존재론에 기초한 관계적 복지의 개념

관계적 복지의 개념은 얼핏 일차적인 인간관계 개선을 지향하는 복지로 이해하기 쉽다. 특히 사회서비스 영역에서 복지공급자와 수급자 간의 관계 문제, 임상심리학에서 상담자와 내담자 간의 소통 문제, 또는 가족 간 관계 문제 수준으로 이해하기 쉽다. 이런 관계 개념에서의 관계적 복지는 전통적 사회실천학에서도 효과적인 치료의 관점에서 기본적인 원칙이었다. 여기서 제시하는 관계적 복지의 존재론은 그 이상이다.

관계적 존재론이란 인간과 사회, 인간과 자연환경과의 관계적 특성, 즉 관계성(Relationality)을 현실 세계를 구성하는 본질로 보는 관점이다. 다시 말하면, 관계성과 상호의존성을 세상의 존재론적 핵심으로 본다(Archer, 1995; Bhaskar, 1975; Gregen, 2009). 개인 즉 인간 주체(Human Subject, Human Being)는 타 주체와의 관계 속에서 자신의 존재 의미와 자기 정체성을 가지게 된다는 것이다. 현재의 지배적인 자유주의와 공리주의가 전제하는 이기적인 개인으로서 합리적 선택을 하는 개별주체의 독립성과 완결성보다는 연계성과 상호의존성을 강조한다.

그리고 세상은 개체들이 서로 관계를 맺으며 상호영향을 주고받으면서 역동적으로 상호적으로 구성된다는 의미이다. 인간사회는 시간과 공간이라는 맥락에서 역사적으로 상호관계 속에서 만들어가는 과정이다. 현실은 정적이며, 미리 정해진 것이 아니라, 지속적으로 상호작용하고 되어가는(Being) 또는 발현하는(Emerging) 역동적 과정이다(Archer, 2007).

따라서 현재의 주류 관점인 원자화된 단원주의나 구조와 행위자, 주관과 객관, 마음과 신체, 개인과 사회를 분리하여 이해하는 물화된 이원론(Dualism)에 반한다(Bhaskar, 1975). 사회현상의 분석 틀로서는 이런 이원적 논리가 필요하나, 실재(Reality)는 상호 연계되는 관계적 특성을 가진다.

예를 들어, 생물학에서 시스템 논리와 유사하다. 하나의 생명체는 내부적으로 다양한 기관으로 구성되어 있고, 외부적으로 땅, 햇빛, 생태계의 다른 생명체와 유기적 관계를 맺으면서 생존하고 진화를 한다. 관계적 복지의 개념화는 이와 같은 관계론적 존재론에 기반을 두어야, 인간사회의 삶을 구성하는 개인, 사회, 자연과의 관계에 기반하여 복지체제와 더불어 경제체제,

정치체제의 총체적인 대안적 개념화가 가능하다.

2) 관계적 복지의 개념화

학계에서 관계적 복지의 개념화는 이제 시작 단계이다. '관계'라는 개념의 관점에 따라 다양한 수준에서 계속 논쟁 중이다. 여기에서는 개인, 사회, 자연을 아우르는 포괄적인 관계적 존재론에 입각하여 대안적인 경제사회 체제와 복지를 포괄하는 개념으로서 관계적 복지의 개념화를 시도한다. 다음에는 현수준에서 관계적 복지의 대표적인 정의를 제시하고 그 개념화에서 도출되는 공통적인 특징을 설명한다.

(1) 대표적 개념 정의

한국 사회에서 잘 알려진 관계적 복지의 개념은 아마도 힐러리 코탐의 저술 『Radical Help』에 소개된 관계적 복지 개념일 것이다(Cottam, 2018). 코탐은 최근 영국 복지체제의 맥락에서 베버리지 복지국가의 한계를 신랄하게 비판한다. 대신에 코탐은 실천적 차원에서 영국 지역사회에서 다양한 취약계층들이 빈곤을 포함하여 자신들의 문제들을 사회적 네트워크의 형성을 통해 자기 주도적으로 해결하도록 흥미로운 실험을 하면서 많은 성과를 이뤘다.

코탐은 취약계층들이 사회적 관계를 개선해가면서 지속가능한 방식으로 자신의 문제를 해결하는 과정을 현재의 국가복지를 대체하는 개념으로 '관계적 복지(Relational Welfare)라 주장한다(Cottam, 2011, 2018, 2020). 코탐의 관계적 복지 개념은 아직 지역사회의 관계적 네트워크의 형성이라는 실천적 과제 중심으로 정의되어 있다. 따라서 이론적 차원에서 포괄적 정의로서는 아직 한계가 있어 보인다.

다른 한편으로, 국가복지가 강화된 사민주의 복지국가들 사이에서도 관계적 복지 개념은 기존의 국가복지 중심의 한계를 인지하면서 대안적인 복지 개념으로 성장했다. 일부 사민주의 학자들에 따르면, 노르딕 복지 모델의 초기 설계자들은 복지국가를 건설할 때, 공동체적 신뢰에 기반을 둔 전 사회적 관계의 형성을 목표로, 자율성, 참여, 포용, 지속가능성을 중심 가치로 삼았다. 개인의 자율성에서 시작하여 다양한 사회구성원들이 포용적으로 참여하고 환경과의 지속가능성을 염두에 두면서 복지국가를 설계해 왔다는 것이다(Hännien, et al., 2019).

그러나 이런 목표와 가치들이 신자유주의의 심화, 글로벌 경제화와 함께 사민주의 복지국가 초심의 목적인 공동체적 관계성은 희석되고 복지기능은 신자유주의적 개인화로 퇴화되었다고 주장한다. 이에 따라 현재 당면한 공동체의 해체, 글로벌 위기, 기후변화의 문제들에 대응하여 관계적 가치의 회복과 복지국가의 재구성을 주장한다. 이런 맥락에서 사민주의 복지국가 학자들 사이에서 정의되는 관계적 복지는 다음과 같다.

"관계적 복지란 인간 기본권리, 사회정의, 그리고 사회와 환경의 지속가능한 발전에 기반한 인간중심의 협력적 접근을 기반으로 한다. 따라서 관계적 복지의 개념에서 복지의 개념은 개인, 집단, 환경과의 관계를 인간사회의 지속가능한 통합적 발전의 중심에 놓고 서로 협력하여 창조하는 자원을 의미한다. 이를 위해서는 국가와 공적 영역과 시민사회는 모든 사람이 사회와 함께 번영하고 가치 있는 삶을 살며 지속가능한 역량을 증진시킬 수 있는 다양한 공공가치와 커먼스들을 구축할 필요가 있다. 관계적 복지의 궁극적 목적은 미래의 지속가능한 사회를 보장하고 긍정적인 가치를 창출하는 공동체와 관계 자원들을 확보하고 강화시키는 것이다"라고 정의한다(Ness and Heimberg, 2021).

관계적 복지의 개념은 유럽 사회에서 현 복지국가의 한계를 극복하기 위해 점진적으로 시민들과 지역사회, 전문가, 정부가 공동으로 협력적 거버넌스를 구축하면서 문제 해결을 해나가는 공동창조(Co-creation) 또는 공동생산(Co-production)을 기반으로 새로운 복지 모델을 구축하는 개념으로 새롭게 부상하면서 점진적으로 확산 중이다.

여기에서 제시되는 '권리' '사회정의' '개인, 집단, 환경과의 관계' '지속가능한 통합적 발전' '번영' '역량증진' '새로운 공공 가치와 커먼즈 창출을 통한 공동체 관계 강화' 등의 핵심어들은 관계적 존재론이 제기하는 관점들을 더 포괄적으로 반영하면서 이론적으로 조금 더 진전된 정의이다.

(2) 인간 삶의 다차원적, 사회관계의 총체적 개념으로서 관계적 복지 이해

관계적 복지의 개념에서 '관계'를 어떻게 이해할 것인가? 이미 앞에서 주장했듯이, 관계적 복지의 개념은 단순히 복지의 전달체계에서 공급자와 수혜자의 인간관계적, 공감적 측면의 개선만을 의미하는 것이 아니다. 또한 완전히 새로운 아이디어도 아니다. 그동안 인간사회가 역사적으로 진화하면서 인간의 존재와 사회적 특성에 대하여 인간 삶의 진정한 목적에 대하여 지속적으로 성찰해 왔던 철학들, 가치들, 제도들에 대한 논쟁들을 재구성하는 것이다(정무권, 2023).

개인과 사회의 존재론은 역사적으로 고대 아리스토텔레스의 공동체주의적 존재론과 정의의 개념에서부터 시작하여 자본주의와 자유주의 발전에 따른 현대의 개인주의와 공리주의에 이르기까지 다양한 관점에서 논쟁이 있었다. 이에 근거해 지금 시대의 주류적 관점의 오류를 다시 반성하고 인간사회의 관계적 본질을 탐구하고 회복하는 과정이 필요하다.

오히려 동양의 철학과 삶의 방식이 관계론적 사고와 더 친밀

할 수 있다. 우리는 서양의 왜곡된 개인주의에 오염되어 각자
도생의 사회를 살아가는 것은 아닌가? 이런 성찰이 우리의 다
양한 문제들을 보다 실질적이며 혁신적으로 해결하는 개념이
될 것이다.

인간 삶 또는 복지의 진정한 목적이 무엇인가를 성찰적으로
묻는다면 복지는 한 가지 기준으로 정의하기 어렵다. 인간사회
가 관계적 존재라는 존재론적 인식은 인간 삶의 양식과 인간과
사회의 관계가 다차원이고 상호작용하는 복합체라는 것을 인
식하는 맥락에서 관계적 복지를 개념화한다(White, 2015, 2017,
2023; Heimburg and Ness, 2021; 정무권, 2023).

[그림 2] 다차원적 관계적 복지 개념의 통합

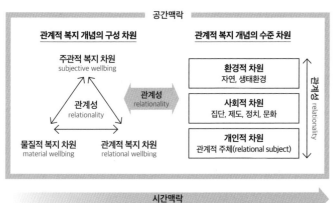

출처 : White(2015), p.10, 12 내용을 기반으로 수정

48

먼저 관계적 복지는 [그림 2]의 왼편에서 보여 주는 바와 같이, 그 구성 요소 차원에서 물질적, 주관적, 관계적 복지를 포괄하는 개념이다(White, 2015). 관계적 복지는 관계를 앞세운다고 전통적인 물질적 복지를 부정하는 것이 아니다. 인간 삶은 기본적으로 생물학적 생존과 경제활동을 통해 기본적 삶에 필요한 재화들을 생산하고 소비함으로써 삶을 살아간다.

따라서 물질적 차원에서 충족은 복지의 기본이다. 그러나 오늘날 복지의 개념은 이런 물질적 복지를 경제성장의 도구로 삼고, 개인 차원에서 물질적 재화 소비의 극대화를 통한 주관적 삶의 만족도를 복지 기준으로 하여 정책들을 펴왔다.

그러나 관계적 차원에서 보면, 인간은 사회적 존재로서 개인과 개인, 개인과 집단 간의 상호적 관계를 형성하고 상호영향을 주면서, 가치, 문화, 제도, 공동체를 형성한다. 그리고 전통적 주관적 복지의 차원에서 심리적 만족과 행복은 기존의 효용 가치의 극대화 개념이 아니다. 관계적 복지에서 주관적 복지의 개념은 삶을 살아가는 과정에서 사회구성원으로서 타자들과의 관계적 차원에서 자신의 삶을 주관적으로 해석하고 의미를 부여함으로써 인간적인 삶의 면모를 완성하는 것이다.

따라서 관계적 복지의 개념은 기본적으로 물질적 복지 필요, 즉 다양한 기초적 소득보장 체계와 함께 삶에 필요한 사회서비스를 공급받고, 경제적 생산, 지역사회, 정치에 참여하여 사회

관계를 형성하면서 좋은 삶과 자아실현을 성취하는 것이다. 이와 같이 물질적, 사회관계적, 주관적 복지 세 가지 차원의 상호적, 복합적 관계의 의미를 존재론적으로 가진다.

또 다른 차원에서 [그림 2]의 오른쪽 내용을 보면 관계적 복지의 개념은 사회를 구성하는 수준별 차원에서 개인, 사회, 환경과의 상호적 관계를 포함한다. 얼핏 개인을 무시하고 집단적 개념으로 한정해서 인식될 수 있으나, 자율적이고 자기 성찰적인 주체적 개인을 인정한다. 개인주의적, 공리주의적 존재론에서 의미하는 원자화된 독립된 개인이 아니라, 사회관계 속에서 존재하고 의미를 갖는 관계적 주체(Relational Subject)로서 자유와 자율성을 가진 존재를 의미한다(Archer, 2007; Donati, 2015).

관계적 주체로서 개인들은 필연적으로 가족, 지역사회, 국가, 글로벌 사회 등 다양한 수준에서 집단화, 조직화 되면서 다양한 형태의 비공식적, 공식적 집단, 자율적 결사체 조직화, 공적, 사적인 다양한 제도들을 형성하고, 집단적 가치와 문화를 형성한다.

개인과 사회는 지리적 공간의 맥락에서 자연환경과 밀접한 관계를 가지며 공간이 주는 환경으로부터 영향을 받고 상호작용을 한다. 이런 관점에서 오늘날 산업화와 물질주의 그리고 기후변화는 우리의 관계적 차원의 결과이고 다시 개인과 사회 관계에 다양한 영향을 미친다.

관계적 복지는 생태주의적 관점을 가진다. 이런 복합적이면서 다차원적인 관계적 관점에서 우리의 삶을 바라보면, 관계적 복지는 개인에서 출발하여 우리의 제도와 환경과의 총체적 관계성을 가지는 개념이 된다. 따라서 관계적 복지의 개념은 개인의 물질적 결핍과 주관적 만족에 초점을 둔 개념이 아니라, 우리의 사회관계, 제도, 환경과 총체적으로 연계되고, 이를 더 좋은 방향으로 변화시켜야 하는 개념이 된다.

관계적 복지를 이해하는 또 하나의 중요한 개념은 정태적으로 성취된 결과의 표현이 아니라, 인간사회가 존재하는 시간과 공간 속에서 다양한 사회관계가 형성, 변화되는 '과정'으로 이해하는 것이다. 현재의 주류 관점인 경제화된 관점에서의 효용과 복지, 행복의 개념과 주관적 복지의 개념은 한 시점에서의 개인들의 복지 상태의 총합의 상태로 본다.

그러나 관계적 존재론의 관점에서 관계적 복지는 개인들 또는 집단들이 관계적 주체로서 주어진 구조와 맥락 속에서 존재 구속성을 가지는 한편, 이성적 능력을 가진 존재로서 내면적인 성찰을 통해 끊임없이 개인, 사회, 환경을 변화시켜 가는 과정 속의 역사적, 관계적 주체라는 것이다.

관계적 복지는 전통적 복지의 개인적 존재론 차원의 관점을 넘어서 포괄적이며 공동체 기반의 프레임에서 출발함으로써 강한 사회적 연계, 지역사회의 지지와 네트워크, 복지에 대한 집단적 책임을 강조한다. 따라서 돌봄의 영역을 비롯해 다양한 복지영역에서 개념적으로, 실천적으로 더욱 적절하다. 여기에서는 논의하지 않지만, 기후변화를 비롯해 미래의 디지털 경제를 포괄하는 생태사회 국가(Eco-social State)에서도 중심 개념이다.

3) 관계적 복지의 핵심적 특징과 기능

여기서는 앞의 존재론적 관점과 개념 정의에 기반하여 관계적 복지가 현재의 복지 개념, 복지체제의 기능과 연관하여 어떤 특성과 차별성을 갖는지 정리한다.

(1) 개인적 차원과 물질적 차원의 복지 개념을 넘어 관계적 차원을 포함한다

현재의 복지체제는 개인의 결핍과 의존성에 초점을 둔다. 개인들 특히 취약계층의 급한 욕구를 충족시키는 것이 기본 기능이다. 물론 이를 통해 정치, 사회적으로 사회 갈등을 줄이고 사회통합을 목표로 한다.

그러나 현재의 복지체제는 취약한 개인 차원의 경제적 기능에 초점을 두면서 점점 파편화되고 불평등을 심화시킴에 따라 의도했던 사회통합의 기능은 점점 효과가 약해졌다. 오히려 불평등을 심화시켜 갈등을 발생시킨다. 반면에 관계적 복지는 결핍과 치유의 개인적 차원을 넘어 관계적 차원에 초점을 둔다.

복지라는 것은 개인이 자원을 소유하는 것이 아니다. 자신과 자신이 사는 공동체(가족, 지역, 국가)와 관계적 질에서 나오는 발현적 속성을 의미한다. 인간의 존재, 행복, 좋은 삶이라는 의미는 '나'라는 개인적인 차원에서 부의 소유와 소비를 통한 삶의 만족도가 아니라, '우리'라는 개념으로 다른 사람들과 함께 의존하며 번영, 발전하는 가운데서 발생하는 삶의 가치, 삶의 질, 만족, 그런 의미에서의 행복을 의미한다. 최근 아리스토텔레스의 좋은 삶의 개념이 부활하고, 센이나 누스바움에 의해 주도되는 역량이론(Capability Approach)이 바로 관계적 복지의 기반이 된다(Sen, 1999, 2011; Nusbaum, 1986, 2011).

집단적 복지(Collective Wellbing) 또는 공동체 복지(Community Wellbeing)로 달리 표현하기도 한다(Atkinson, 2020).

관계적 복지는 기존의 복지 개념이 물질적 차원에 집중했던 것을 넘어선다. 기존의 복지가 개인들의 경제적, 물질적 결핍에 초점을 두었다면 관계적 복지는 개인의 사회적 관계성, 다른 사람들과의 상호주관성에 초점을 둔다. 공동체의 구성원들 간에 돌봄, 함께 하는 삶, 공유하는 감정, 공동의 책임성 등 연대와 공존의 가치에 초점을 둔다. 즉 관계적 복지는 개인의 독립된 완전체로서의 자율보다는 관계적 주체로서의 상호적 의존성을 강조한다.

(2) 문제의 본질에 접근하여 해결하는 것을 목적으로 한다

현재 복지제도의 주요 기능이 개인의 결핍과 의존성에 초점을 둠에 따라 특히 대상이 되는 취약계층을 스티그마에 빠지게 하며, 자아실현적, 자기주도적 주체로서 역량 증진을 오히려 저해하는 경향이 강하다. 특히 재정 긴축에 따라 소득보장의 사각지대는 커지고 보호의 수준은 낮아진다.

또한 신자유주의에 의해 강화되는 근로 연계적 급여기준에 따라 급여와 대상의 관료제적 통제의 강화는 역으로 복합적으로 유연, 다변화되는 노동시장의 구조에서 사각지대와 집단 간의 격차를 만들어 낸다. 현 복지제도는 제도와 현실이 맞지 않은 제도의 무기력증(Instituional Inertia)를 낳는다.

반면에 관계적 복지는 기존의 복지에서처럼 어려운 개인들에게 단순히 일시적 도움을 주는 방식을 넘어서 우리 사회의 다양한 문제영역인 건강, 빈곤, 불평등, 고용, 정서적 감정과 지지 등 다양한 취약성이 발생하는 근원적 사회적 결정요인에 더 초점을 둔다. 문제의 원인을 개인적인 물질적 결핍에만 한정하지 않고 고립과 고독과 같은 사회관계 차원의 근본적인 결핍을 해결하는 과정에서 개인들이 사회 적응을 잘하고 스스로 자신의 삶을 개척할 수 있는 역량 증진에 초점을 둔다.

따라서 미래사회의 지속가능성을 사회적 관계 중심으로 개인과 사회가 다양하게 예측되는 위험들에 적응, 회복할 수 있는 회복력(Resilience)을 증진 시킨다. 이에 따라 위험 발생의 예방적 성격이 강하다. 궁극적으로는 미래의 불확실한 위험에 따른 엄청난 경제적, 사회적 비용을 줄이는 게 가능해진다.

(3) 사회관계 형성과 지역공동체 주도의 해결에 초점을 둔다

관계적 복지는 잘 산다는 것의 의미를 물질적 부와 소비의 증대가 아니라 사회적 관계의 형성에서 찾는다. 개인들이 지역사회로부터 돌봄을 받고 지지를 받는다는 것을 느끼고, 동시에 자신이 지역사회에 기여하게 하는 환경과 시스템을 만드는 데 초점을 둔다. 돌봄 윤리에서 주장하는 것처럼, 의존성이 정상화되고 상호 돌봄이 자연스러운 사회 시스템을 만들고자 한다.

역량이론에서 제기하는 것처럼, 비록 소득이 낮더라도 사회에 참여하고 관계를 형성하며 선택의 폭이 넓어지면 자신이 개척하는 삶을 사는 것이고 더 행복감을 느끼게 된다. 이런 관계 형성을 통해 소통하면서 자신과 지역공동체의 문제들을 공유하고 학습하여, 문제들을 함께 해결하는 과정에서 잠재적 역량을 개발하고 발전시킨다(Heimberg, Ness, 2021).

현재의 국가복지는 긴급하게 도움이 필요한 개인이나 집단에게 직접적으로 복지를 제공하는 것에 그치지만, 관계적 복지는 시민사회의 구성원들이 자주적으로 사회관계 형성과 조직화를 통해 상호부조와 회복력을 가도록 역량을 키운다. 개인

차원의 복지뿐만 아니라 공동체 차원의 복지를 증진시킨다.

국가의 역할은 시민들이 네트워크를 형성하고 지역사회 주도로 문제 해결할 수 있도록 다양한 지원정책, 제도, 행정 시스템의 구축에 더 초점을 둔다. 이는 전통적 복지가 돌봄을 받는 자를 수동적 수혜자로만 인식하는 것과는 대조적이다. 따라서 현재의 단절되고 개인화된 관계, 즉 가족, 친구 관계에서부터 지역사회를 공적, 사적으로 다양한 영역에서 조직화하고 상호 연계를 통해 정신적, 육체적 건강, 회복력, 기회의 접근을 강조한다.

(4) 시민들의 권력부여(Empowerment)와 참여를 통하여 민주적 역량과 포괄적 사회정의를 강조한다

관계적 복지는 구성원들의 복지에 책임지고 돌봄 문제를 해결하는 데 참여하도록 개인과 지역사회에 권력부여를 강조한다. 이것은 관계적 복지의 정치적 차원과 사회정의 차원에서 중요한 특징이다.

현재 복지국가의 정치적 원리는 대의제 민주주의에 기반하여 시민의 대표 권력으로서 국가가 복지를 공급하는 것이다. 그러나 대의민주주의는 엘리트 민주주의로 전락하였고, 시민의 대표성과 시민 권력은 약화되었다.

관계적 복지는 지역사회에 풀뿌리 민주주의 역량형성을 통해 개인들이 자신들과 지역사회 필요와 수요에 맞는 복지를 생산하고 분배하는 등 직접 참여하는 방식을 강조한다. 이를 통해서 국가 차원 및 글로벌 차원의 민주적 역량 증진을 기대한다. 따라서 우리의 기초적 삶에 필요한, 즉 사회적 수요, 사회적 가치 창출에 필요한 다양한 복지 및 경제적 재화들의 공동생산(Co-production), 공동구축(Co-construction)을 포함하는 다양한 혁신과 가치들의 공동창조(Co-creation)와 협력적 거버넌스를 강조한다(Pestoff, 2009b, 2012; Heimburg, Ness, 2021; 정무권, 2020).

이는 지향하는 사회정의의 기준에서도 차이가 난다. 전통적 복지가 재화의 분배 공평성 또는 평등을 중심으로 분배 정의를 강조한다면, 관계적 복지는 배분 정의를 포함하여 참여와 연대, 그리고 협력을 포괄하는 인정(Recognition)의 정의와 관계적(Relational) 정의를 지향한다(Fraser, 2003; Heimburg and Ness, 2021).

자신의 운명에 대한 주도권을 가지게 하는 동시에 공동체 구성원으로서 집단적인 복지와 번영의 책임을 부여하는 것이다. 따라서 관계적 복지는 시민들의 정치적, 민주적 역량을 증대시키며 보다 포괄적인 사회정의를 증대시키는 데 기여한다.

(5) 관계적 복지는 예방적이며 총체적 접근이다

관계적 복지는 앞에서 언급했듯이 관계적 존재론에 근거하여 문제의 본질에 접근하고 해결하려고 한다. 현재의 복지제도는 긴밀하게 연계되어 있기보다는 분절되고 파편화되어 있다. 사회보험의 원리를 통해 공동의 위험에 빠진 집단 간의 연대성을 강조하였다.

그러나 위험관리를 위해 비용부담의 연대만으로는 부족하다. 그리고 사후적으로 위험에 빠지고 문제가 되는 집단들의 욕구를 사회보험이나 현금 급여, 사회서비스 공급을 통해 사후적으로 치유하는 데에 초점을 둔다.

반면에 관계적 복지는 사회관계 형성을 통해 자주적이고 통합적으로 접근한다. 지역사회라는 집단적 공동체를 단위로 보건의료, 돌봄, 주거, 고용, 교육 문제 등 다양한 지역 문제들을 주체들 사이에 긴밀한 네트워크를 형성하여 예방적이며, 포괄적이고, 통합적으로 해결하고자 한다. 이런 방식은 돌봄과 복지에 더욱 지속가능하고 회복력이 강한 접근을 의미한다.

(6) 관계적 복지와 소득보장 : 전통적 복지제도와의 관계

관계적 복지로의 전환은 기존의 다양한 소득보장 정책과 관계없는 것인가? 관계적 복지는 전통적 복지제도인 사회보험제도, 각종 현금 급여나 수당, 사회서비스와 어떤 관계를 맺어야 하는가?

얼핏 보면 관계적 복지는 주로 사회서비스, 지역사회 복지에만 초점을 두는 것으로 이해하기 쉽다. 관계적 복지는 전통적 복지제도를 부정하고 단절하는 것이 아니다. 앞서 언급했듯이 관계적 복지는 물질적 복지를 포함하는 총체적 개념이고, 기본적인 소득보장은 필수적인 요소이다.

관계적 복지를 통한 총체적 복지증진을 위해서는 현재의 소득보장 제도를 더욱 보편적이며 기본생활 수준을 보장하도록 개혁해야 한다. 이를 위해서는 현재의 소득보장 제도의 사각지대를 줄여가면서 모든 시민에게 경제 및 사회 분야에 다양한 방식으로 참여하는 수준에서의 보편적 소득보장 제도로 전환해 나가는 것이 필요하다.

따라서 관계적 복지와 소득보장은 서로 긴밀한 보완관계를 가지도록 재설계되고, 지역사회 시민들이 네트워크 형성, 결사체 조직화, 소통과 참여가 가능하도록 다양한 공공 인프라 구축과 연계되어야 한다(정무권, 2023).

그리고 사회적경제의 원리를 기반으로 하는 커뮤니티 케어와 공동생산의 확산 등 시민들의 사회관계성을 증진하고 역량을 발휘하도록 제도 설계를 해야 한다. 그래야 사회적 가치를 창출하는 다양한 재화들과 복지서비스의 생산 분야에서 일자리가 창출되고, 지역경제 활성화가 촉진된다(정무권, 2020). 관계적 복지의 제도화는 장기적으로 빈곤과 불평등을 효과적으로 완화하여 국가의 재정적 부담을 줄이는 데 기여하게 된다.

3. 돌봄과 사회적경제의 중심 원리로서 관계적 복지

1) 돌봄과 관계적 복지

돌봄의 이행은 관계적 돌봄이어야 하고, 관계적 돌봄은 사회적경제에 의해 잘 수행된다. 그 이유는 돌봄과 사회적경제는 관계적 존재론과 관계적 복지의 원리에 기반하기 때문이다.

돌봄 윤리, 돌봄 철학의 출발점은 우리 모두 연결되고, 의존적이며, 누군가의 도움 필요한 존재라는 인식에 기초한다(김희강, 2016, 2022; Held, 2017; Tronto, 2013). 따라서 돌봄은 가족 간의 관계, 약자를 향한 시혜적 도움이 아니다. 인간사회의 기본 원리다.

전통적 돌봄의 개념은 사적 영역에서 제공되는 물리적 도움을 의미했다. 특히 여성의 몫이었다. 이제는 돌봄의 의미를 사회관계 차원에서 넓게 해석할 필요가 있다. 예를 들어, 어느 조직에서든 조직이 성공하고 구성원들이 행복하고 공존하기 위해서는 구성원 간에 관계성이 발생하고 서로 의존할 수밖에 없는 상호 돌봄의 관계가 존재한다. 돌봄은 우리의 일상을 조직하는 핵심 원리이고, 모두 나누어 수행하는 일이다.

돌봄 윤리는 도덕적 인식론으로 인간이 관계적이고 상호의존적인 존재라는 데 기반한다. 인간을 합리적, 자율적, 자기 이해적 및 비의존적 존재로 전제하는 주류 도덕 이론의 관점과 다르다. 돌봄은 관계적 존재론에 기반하며 관계적 복지의 원리에 의해 이행될 때 가장 효과적이고 적절하다.

우리 사회에서 저출생, 고령화가 전 세계적으로 가장 빨리 진행되어 경제, 사회, 정치적 충격이 매우 클 것으로 예상한다. 한편 우리 사회의 돌봄에 대한 인식에서부터 공적, 사적 인프라와 전달체계는 심각한 문제를 드러낸다. 지금 돌봄에 대한 사고 전환과 제도 개혁이 필요하다.

2) 관계적 돌봄의 제도적 장치 : 사회적경제 원리에 기반한 커뮤니티 케어

관계적 돌봄을 잘 수행하게 하는 제도적 장치는 사회적경제에 기반한 조직들의 역할을 강화하는 것이다. 사회적경제의 원리는 상호성(Reciprocity)에 기반하여 구성원들의 연대와 협력으로 작동되는 경제의 형성을 의미한다(Evers and Laville, 2004).

여기서 경제의 의미는 이윤을 위한 상품의 생산과 거래가 중심이 되는 시장경제가 아니다. 우리의 다양한 사회적 수요를 충족시키기는 재화와 서비스를 생산, 분배하는 경제를 의미한다. 현재의 자본주의가 위기에 대응하고 인간화되기 위해서는 이윤추구적 시장 경제의 규모를 줄이고 탐욕적, 불공정 경쟁을 교정하는 한편, 국민경제를 안정시키고 모두를 위한 공공재들을 공급하는 공공경제의 형성과 관리를 확고히 하고, 상호적 원리의 사회적경제 규모를 증대시켜 가야 한다. 칼 폴라니는 이를 다원적 경제라고 했다(정무권, 2020, 2023, Laville, 2006; Polanyi, 1977).

사회적경제의 중심 조직 원리는 주류와 다른 대안적인, 독특한 조직 성격을 가진다는 것을 이해할 필요가 있다.

첫째로, 재화와 서비스를 생산, 분배하는 경제조직이지만 시장에서의 이윤추구와 자본축적을 목적으로 하는 민간기업과는 달리 사회적 목적 또는 조직구성원과 지역사회의 공익적 수요를 충족시키기 위해 설립된다. 동시에 공권력에 의해 설립되는 공공조직과는 달리 민간부문의 자발적인 조직으로서 혼합조직(Hybrid Organization)의 성격을 가진다(Defrouny and Nyssens, 2012). 즉 사회적, 공적 목적이 강한 시민사회의 경제조직을 의미한다.

둘째로, 조직의 소유권 여부와 관계없이 조직구성원과 지역사회의 다양한 이익들을 포용하고 이들의 민주적 참여와 운영을 강조하는 다중 이해관계자 조직(Multi-Stakeholder

Organization)의 성격이 있다(정무권, 2020). 이런 혼합조직과 다중 이해관계자 조직에서는 민주적 거버넌스를 통해 운영되어야 한다는 조직원리가 강조된다.

그 이유는 사회적경제 조직의 특성이 기존의 순수한 시장경제에 대안적인 형태의 경제 시스템을 추구하는 동시에, 기존의 엘리트 중심 대의 민주주의에서 더 나아가 조직 내 민주주의, 경제 민주주의, 지역에서의 참여 민주주의를 발전시키는 등 대안적 경제와 민주주의를 발전시키는 데 기초가 되는 조직의 형태이기 때문이다(정무권, 2020).

지역 단위에서 관계적 복지에 따른 돌봄 시스템의 제도적 기반 마련을 위해 지역주민들이 참여하는 민주적 공동생산을 토대로 사회적경제가 중심 역할을 담당하는 커뮤니티 케어(지역통합 돌봄) 시스템을 구축할 필요가 있다. 이를 위해서 먼저 지방정부 공공기관, 공공 보건의료, 돌봄서비스 기관, 돌봄과 관련된 사회적경제 조직, 비영리 서비스 조직 및 중간조직, 시장의 공급자들이 긴밀한 상호 협력 네트워크를 형성하는 게 필요하다. 그중에서 지방정부를 비롯한 공공성이 강한 돌봄 공급자들이 수요와 공급의 조정 역할을 수행하면서 협력적 거버넌스를 구축해야 한다.

관계적 돌봄 시스템을 갖추는 것은 짧은 시간에 가능하지 않다. 시민들이 문제를 인식하고 서로 소통하고 협력하여 사회적경제 조직을 비롯한 조직화와 지역사회 돌봄의 공동생산을 구축하는 역량을 갖추는 게 쉽지 않기 때문이다.

또한 정치인과 지방정부 관료들도 이런 시스템을 이해하고 시민들과 파트너십을 형성하는 역량을 갖추는 게 쉽지 않다. 정부와 시민이 역량을 갖추기 위해서는 많은 시행착오 속에 지속적인 학습과 교육, 소통, 조직화, 참여와 활동을 통한 혁신들이 축적되어 지역사회에 진정한 관계 형성이 전제되어야 하기 때문이다. 시민들의 의식변화와 정치제도, 정치적 리더십의 변화가 중요하다.

그러나 현재의 파편화된 국가복지와 준시장의존적 돌봄체제로는 미래사회에 개인들의 다양한 욕구들을 충족시키기 어렵다. 지금 시점에서 공공돌봄서비스를 치밀한 준비 없이 급속히 확대하는 것도 재정 부담 등 여러 문제가 발생한다. 획일적인 기준과 행정 시스템에 의존하는 공공돌봄이 과연 다양한 복지 수요를 원만하게 충족시켜 줄 것인가를 다시 한번 고민해야 한다.

4. 관계적 복지로의 이행을 위한 도전과 과제

관계적 복지는 지금 새롭게 떠오르는 대안적 개념이다. 따라서 아직 개념화와 이론의 성숙, 제도들의 정착 차원에서 불확실성과 많은 한계를 가지고 있다.

그럼에도 불구하고 관계적 복지는 서구 복지국가들 뿐만 아니라 국가 및 시장에서의 복지제도가 덜 발전된 개발국가들 사이에서도 대안적 복지 개념으로 서서히 주목을 받는다. 미래의 대안으로 관계적 복지로 이행을 위해서는 다음과 같은 점들을 더 숙고하고 발전시켜야 한다.

첫째로, 현재 위기의 본질과 시스템의 한계를 이해하고 생각과 가치를 전환할 필요가 있다. 기존의 존재론적 세계관과 사고로 굳어진 정책 결정자뿐만 아니라 시민들도 사고의 일시 전환은 쉽지 않다. 지속적으로 시민사회와 소통하고 적극적 시민들을 양성하는 사회운동과 정치개혁 운동이 필요하다.

둘째로, 시민들이 개방적 소통과 자발적인 조직화를 가능하게 하는 지역사회 인프라와 자원이 구축되어야 한다. 이런 맥락에서 정부의 역할 변화 또한 필요하다. 과거의 하향식, 통제적, 집권적 국가정책과 행정에서 지역주민이 참여하고 결정하는 분권화된 정책 결정과 행정 시스템으로 전환해야 한다. 이를 위해 시민들의 네트워크화와 관계적 역량을 증진시키도록 다양한 소통, 결사체적 조직화, 참여를 할 수 있는 교육제도, 시민들이 모이고 소통하는 다양한 공간, ICT 플랫폼 등의 인프라를 구축하는 게 필요하다.

셋째로, 관계적 돌봄을 실현하는 공동생산, 공동창조, 협력적 거버넌스에 기반한 지역복지, 커뮤니티 케어의 제도 설계를 해야 한다. 현재 풀뿌리 시민사회에서 작은 규모로 흩어져 진행되는 다양한 성공 사례들을 공유하고 학습하면서 의식과 제도를 확산하는 과정이 필요하다. 우선 시민사회의 조직화와 역량 강화를 시작으로 모두가 점진적으로 체제 전환에 적응해야 한다. 공동창조의 개념으로 다양한 하이브리드 접근을 해나가면서 관계적 복지 원리를 점진적으로 확대한다.

넷째로, 거시적인 수준에서 정치와 경제체제의 관계적 존재론에 기반한 점진적 체제 전환이 함께 필요하다.

마지막으로, 이런 장애와 도전들을 극복하는 것은 쉽지 않다. 결국 거대한 사회운동으로서 장기적인 시간과 노력이 필요하다.

3장

공동생산과
사회적경제

_ 이경미

1. 공동생산의 개념과 배경

1980년대 신자유주의의 영향으로 복지국가의 축소 및 작은 정부의 구현과 함께 등장한 신공공관리론(New Public Management)은 수직적, 관료제적 행정을 비판하면서 행정서비스 제공 방식에 많은 변화를 가져왔다.

전통적으로 행정서비스의 제공은 정부의 영역이었으나 이를 민간 영역으로 확대하였고, 경쟁과 효율성으로 대표되는 시장원리를 받아들여 민관협력 또는 민영화 방식을 도입했다. 하지만 신공공관리론 관점의 서비스 제공은 효율성 제고에는 기여했으나 행정서비스의 질과 신뢰도, 포용성 향상에는 모두 한계가 있는 것으로 평가된다(이재용 외, 2020; OECD, 2011). 시장중심의 거버넌스는 취약계층을 소외시키고 격차를 심화시켰으며, 복잡하고 다원화된 사회문제를 해결하는 데는 역부족이었다.

이에 공공재화와 서비스를 개발하고 전달하는 새롭고 포괄적인 방식으로 주목하는 것이 바로 공동생산(Co-production)이다.

공동생산의 개념은 Ostrom 등 1970년대 후반 인디애나 대학의 '정치 이론과 정책 분석' 워크숍에 참여한 연구자들에 의해 발전되었으며, 1970년대와 1980년대 미국의 공공행정 학자들의 주목을 받았다. 당시 학자들과 공무원들은 거대한 관료기관에 고용된 전문가들에 의해 시민들이 효과적이고 효율적인 서비스를 받게 된다고 주장했는데, Ostrom은 교육, 경찰, 사회복지서비스 등 공공서비스의 효율성과 품질이 공공과 주민의 노력에 크게 좌우된다는 사실을 발견했다(안성호, 2011; 이경미 외 2018; Abeysekera, 2015; Brandsen et al., 2006; Ostrom, 1996).

이 같은 연구 결과를 토대로 전통적 공공행정이 공익 활동의 주체를 공무원으로, 신공공관리는 서비스 제공자가 이용자의 필요에 책임이 있는 것으로 간주하던 것에서 나아가 민간을 수혜자로만 한정하지 않고 공공과 같은 생산자로 인식하게 된 것이 바로 공동생산의 핵심이다. 공동생산은 서비스 이용자가 서비스의 기획과 생산, 전달에 참여하는 포괄적 개념이다(이경미 외, 2018; 이재용 외, 2020; Bovaird, 2007; OECD, 2011; Parks et al., 1981; Pestoff et al., 2012).

공동생산의 범위나 공동생산의 주체(개인, 조직, 집단 등)에 대해서는 아직 이론적 논란이 있다. Pestoff 등 이 분야의 대표적

연구자들은 공동생산을 '지역 단위에서 또는 개별 조직 단위로 전문공급자, 수혜자, 가족, 지역주민 등이 공동으로 협력하여 서비스 전달체계를 구축하는 것'으로 정의한다(정무권, 2020; Pestoff, 1999b, 2009, 2012, Pestoff at al., 2012).

경제개발협력기구(OECD, 2011)는 공동생산을 '향상된 공공서비스를 전달하고 혁신하기 위해 시민 및 시민사회 조직이 결합하는 파트너십'으로 정의하고 공공서비스에서 중요한 혁신으로 간주했다. 즉 긴축재정 시기에 정부는 공동생산을 통해 더 나은 공공서비스를 위한 창조적 정책을 제공하게 된다는 것이다. Schlappa 와 Ramsden(2011)에 따르면, 실제로 공동생산 아이디어는 미국 정부가 극심한 예산 제약과 공공부문 개혁에 대한 압력에 시달리던 시기에 발전한 것으로 '가족과 공동체 같은 비시장 영역을 증진하면서 시장을 인간적으로 만드는 방식'으로 해석되었다(Stott, 2018).

2. 공동생산의 원칙

공동생산은 전문가와 서비스 이용자, 그들의 가족과 이웃 간에 평등하고 호혜적인 관계 안에서 공공서비스가 제공되는 것을 의미한다(Boyle and Harris, 2009). 따라서 공동생산의 주요 원

칙 중 하나는 서비스 이용자가 서비스 제공에 기여하는 것이다
(Realpe and Wallace, 2010). 이를 포함하여 영국의 사회혁신 허브
인 Nesta(2018) 재단이 제시한 공동생산의 6원칙([그림3])은 다
음과 같다.

첫째, '자산(Assets)'은 공동생산 과정에 참여하는 사람을 수
동적인 서비스의 수혜자이자 시스템의 짐으로 여기던 관점에
서 전환하여 서비스를 함께 디자인하고 제공하는 평등한 파트
너로 인식하는 것이다.

둘째, '역량(Capabilities)'은 결핍을 보완하는 접근의 공공서비
스 제공 모델을 개선하여 사람들의 역량을 인식하고 능동적으

[그림 3] 공동생산의 6원칙

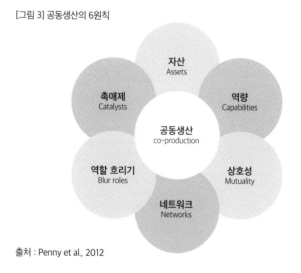

출처 : Penny et al., 2012

로 지원함으로써 개인적 또는 커뮤니티 차원에서 역량을 발휘하도록 하는 것이다.

셋째, '상호성(Mutuality)'은 사람들이 전문가와 호혜적 관계에서 함께 활동에 참여할 수 있도록 인센티브를 제공하여 서로 책임지고 기대하는 관계를 형성하는 것이다.

넷째, '네트워크(Networks)'는 지식을 전달하는 가장 좋은 방법으로 전문가와 더불어 동료와 개인의 네트워크를 참여시키는 것이다.

다섯째, '역할 흐리기(Blur roles)'는 서비스가 개발되고 제공되는 방식을 재구성하여 전문가와 수혜자, 서비스 생산자와 소비자 간에 엄격한 경계를 제거하는 것이다.

여섯째, '촉매제(Catalysts)'는 서비스 기관들이 중심적 제공자가 아닌 중개자로 전환되도록 하는 것이다.

이런 원칙 대부분은 그 자체로 각각 독립적인 실천 방법이지만, 서비스가 완전히 공동생산이 되는 것은 이들 원칙이 함께 작동해야만 가능하다.

Nesta의 원칙과 함께 널리 응용되는 것으로 Löffler(2009)의 공동생산 원칙이 있다. Löffler는 공동생산을 성공적으로 수행하기 위해 [표 2]과 같이 평등(Equality)과 다양성(Diversity), 접근성(Accessibility), 호혜성(Reciprocity)의 네 가지 원칙을 이해하고 적용하는 것이 필요함을 강조한다(박광옥 외, 2020; SCIE, 2015).

[표 2] Löffler(2009)의 공동생산

원칙	정의
평등	모든 사람이 공동생산 과정에 기여하는 자산을 가진 구성원이므로 공동생산의 과정에 동등한 자격으로 참여해야 한다.
다양성	장애, 질병, 연령, 인종 등의 이유로 공동생산에서 배제되지 않아야 하며, 참여 기회를 동등하게 제공해야 한다.
접근성	모든 구성원이 공동생산 과정에 원활하게 참여하도록 의사소통 체계 마련 등 환경을 구축해야 한다.
호혜성	공동생산 과정을 통해 모든 구성원이 각자 필요로 하거나 유익한 무엇인가를 주고 받을 수 있어야 한다.

출처 : 박광옥, 김미옥, 2020; SCIE, 2015

그밖에 유럽독립생활네트워크(ENIL)(2014)와 Griffiths(2016)는 포용(Inclusion)과 혁신(Innovation), 호혜성(Reciprocity)과 부가가치(Added Value)를 공동생산의 주요 원칙으로 제시했다. '포용'은 개인의 필요와 선호에 반응하고 이용자의 소유권을 강화하며 지속적인 참여를 보장하는 것을 의미한다. '혁신'은 새로운 비용 효율적인 서비스 솔루션을 찾고 개방적이고 변혁적인 혁신을 시도하며, 실험을 위한 공간을 마련하는 것이다. '호혜성'은 상호의존성과 권력 공유, 공동학습으로 표출된다. '부가가치'는 개인 및 사회자본을 생성하는 것, 다양성의 중시와 새로운 작업 방식 등으로 나타난다.

이상의 원칙들을 종합하면, 공동생산이 잘 성립되기 위해 공통으로 참여자에 대한 인식의 전환을 강조함을 알게 된다. 참여자를 단순히 서비스의 수혜자가 아니라 서비스의 기획부터 생산과 제공 과정에 동등하게 결합하는 파트너로 인정한다는 것이다.

또한 호혜성 역시 중요한 원칙이며, 공동생산에 참여하는 구성원들은 전문가와 비전문가가 함께 학습하고 의지하면서 서로에게 도움이 되는 유익한 관계를 형성하게 된다. 이를 바탕으로 더욱 다양한 구성원들이 함께하도록 환경을 만들고 네트워크를 구축하며 전문가와 수혜자, 생산자와 소비자 간의 역할 혼합이 일어날 때, 공동생산이 원활하게 작동한다.

3. 공동생산의 스펙트럼

서비스의 공동생산에서 서비스 이용자의 기여는 불가피할 뿐만 아니라 서비스의 성과와 서비스 이용자 자신에게도 영향을 미친다(Lengnick-Hall, et al., 2000).

그리고 서비스 이용자의 기여는 공공서비스에 대한 제한된 영향력과 책임을 갖는 수동적인 참여 방식일 수도 있고, 직접적인 민주적 통제 방식일 수도 있다. Osborne과 Strokosch(2013)은 이런 공동 수준의 단계를 [표 3]과 같이 세 가지 연속체로 표현했다.

서비스 이론에서 소비자는 생산 과정에 기여하고 동시에 해

[표 3] 공동생산의 연속체 모델

	소비자 공동생산 (Consumer co-production)	참여적 공동생산 (Participative co-production)	향상된 공동생산 (Enhanced co-production)
목적	이용자 임파워먼트 공동 수행자로서 시민	이용자 참여 공동 설계자로서 시민	이용자 주도 혁신 선도자로서 시민
특성	소비자의 기대와 서비스 경험 간 균형을 위해 서비스 생산 과정의 운영 단계에 소비자 결합	서비스 생산과 제공 과정의 전략적 기획 및 설계 단계에서 이용자 참여를 통한 의견 수렴과 참여적인 계획 메커니즘을 통해 기존 공공서비스의 품질을 향상	이용자가 서비스 제공 방식에 도전하는 운영 및 전략적 공동생산 모드를 수립하고 개발하는 데 참여

출처 : Osborne and Strokosch(2013); Stott(2018)

당 서비스를 소비하며, 서비스의 품질을 평가하는 다양한 역할을 수행한다. '소비자 공동생산'의 관점에서 서비스 소비 행위는 소비자가 운영 수준에서 생산에 기여하는 것이다. 그리고 그들의 기대와 경험은 효과적인 서비스 제공과 서비스 결과에 중요하게 작용한다. 따라서 [표 3]의 첫 번째 모드인 '소비자 공동생산'에서는 공공서비스 제공의 운영 수준에 중점을 두며 공동생산을 공공서비스 생산의 불가피한 구성 요소로 개념화한다.

두 번째 모드인 '참여적 공동생산'의 관점에서는 공동생산이 서비스 제공의 소비 논리가 아니라 서비스 계획의 전략적 수준에서 개념화된다. 이런 공동생산은 서비스 제공의 본질을 근본적으로 도전하지 않지만, 전략적 수준에서 기존 서비스의 디자인 및 계획에 영향을 미친다. 여기서 관심은 '공공서비스가 이용자의 기대를 어떻게 충족시킬 것이며 이것이 서비스 성능에 어떤 영향을 미칠 것인가?'가 아니라 '지금의 서비스 경험이 어떻게 활용되어 미래를 위한 서비스를 디자인하고 계획할 것인가'에 있다.

다음 '향상된 공동생산'의 관점에서는 운영 관련 소비자 중심의 메커니즘과 전략적 수준에서 참여 중심 메커니즘이 결합되어 공공서비스 제공 시스템 전체에 혁신적인 영향을 줄 가능성이 생긴다. 단순히 기존 서비스 모델을 더 효율적이고 효과적으로 개선하는 것이 아니라 현재의 서비스 패러다임에 도전함으로써 이를 통합하여 기존 서비스 제공 모델을 완전히 변형하는 것이다. 여기서는 정보 및 커뮤니케이션 기술(ICT) 및 디지털 기술이 특히 중요하며 개방적 혁신의 개념과 연결되어 있다.

4. 돌봄과 공동생산 : 사회적경제를 통한 관계적 복지의 실현

1) 돌봄과 공동생산

공동생산은 공공서비스 제공의 비효율성과 경직성을 개선하는 것은 물론 돌봄과 보건, 경제, 교육 등 다양한 영역으로 확장

된다. 특히 공동생산은 영국과 유럽을 중심으로 돌봄 영역에서 이용자 중심성을 강화하기 위한 새로운 전략으로 부각되었다 (박광옥 외, 2021; Alford, 2009; Brandsen et al., 2018).

이처럼 공동생산이 돌봄 영역에서 주목받게 된 것은 기존의 돌봄 방식이 서비스의 질과 운영 방식에서 여러 가지 문제점을 노출했기 때문이다. Tronto(2022)는 돌봄이 수행은 구조적으로 불평등에 기여한다고 지적하면서 자원의 할당과 권력의 할당 측면의 문제점을 짚었다.

우선 자원의 할당 측면에서 부유한 사람은 가난한 사람보다 더 많은 돌봄 자원을 가지고 이를 활용하며 더 나은 돌봄서비스, 더 좋은 음식, 더 안전한 집과 교통 수단 등의 혜택을 받는다. 반면 돌봄 수요를 충족시키는 돌봄 노동은 그 중요성에 비해 저평가되어 낮은 계급과 지위의 사람, 여성의 것으로 간주되었다.

둘째, 권력의 할당 측면에서 돌봄은 주로 어린아이나 고령자, 허약자, 장애인 등 '취약한' 사람에게 절대적으로 필요하지만 이를 충족시키는 것은 능숙하고 독립적인 사람들이다 보니 취약한 사람의 시각과 목소리를 반영한 공적 담론이 형성되기 어려웠다.

그리고 돌봄의 수혜자와 제공자 간 정보의 비대칭성으로 수혜자의 의존성이 나타난다. 이와 같이 돌봄을 수행하는 과정에서 나타나는 불평등 문제를 해소하는 방안에 대해 Tronto(2022)는 민주적 돌봄 실천을 해법으로 제시한다. 누군가에게 의존하는 개인이나 이들을 돌보는 사람들을 동등하게 대우하고 사회 구성원 모두가 돌봄 수혜자임을 인정하며 상호의존성을 바탕으로 한 돌봄 민주주의를 구현할 때, 돌봄의 질이 향상되고 돌봄 제공자 역시 행복해지며, 규격화되고 표준화된 돌봄이 아닌 따뜻한 돌봄이 가능해진다는 것이다.

공동생산은 서비스의 설계와 생산, 전달, 평가에 이르는 전 과정에 이용자가 참여하도록 보장한다는 점에서 기존의 돌봄 방식과 차별화된다. 그리고 그 결과 나타난 변화는 다양하다.

Brandsen 등(2012)은 서비스의 질과 효율성에 주목하여 공동생산이 비용을 줄이면서 서비스 질은 높이고 시민들의 참여 기회를 확대했으며, 이용자들의 서비스 만족도가 향상되었다고 주장했다.

Bovaird와 Downe(2009) 역시 이용자가 공동생산에 기반한 서비스를 이용할 때 질 높고 접근성이 용이한 서비스를 이용할 수 있었으며, 필요가 더 잘 충족되고 서비스에 대한 정보를 더 많이 확보했다고 밝혔다.

Abeysekera(2015)는 이용자 참여의 이점에 대해 무인 슈퍼마켓에서 인건비를 줄이는 것처럼 공급자 가격을 낮추고, 비행기 티켓을 온라인으로 예매해서 시간과 돈을 절약하는 것처럼 이용자의 비용을 낮춘다고 소개했다. 또한 이용자가 독립성과 편의성, 즐거움을 체험하는 것 역시 장점으로 제시했다.

한편 공동생산은 돌봄서비스와 관련한 비용 절감 및 서비스의 질, 만족도뿐 아니라 서비스 이용자에게도 영향을 미친다.

이경미와 민윤경(2018)은 공동생산에 기반한 공동체 주택의 입주자와 공급자, 행정담당자를 심층 인터뷰하여 입주자들이 공동생산을 통해 주체성이 강화되는 변화를 경험하고, 주거 문제를 주도적으로 해결해 나가는 역량이 향상되었으며, 신뢰를 바탕으로 관계를 확장하고 사회적 가족을 형성하고 있음을 제시했다. 그리고 지역사회 내 다양한 구성원들의 공동생산 참여는 지역사회의 역량 향상과 통합에 있어서도 긍정적 효과를 나타내는 것으로 알려졌다(SCIE, 2015).

실제로 유럽에서는 공동생산을 통해 돌봄서비스 이용자와 공급자, 지역주민들 간에 파트너십을 제고하기 위한 대규모 프로젝트가 수행되었다.

2015년부터 2017년까지 2년간 진행된 유럽연합의 ENABLE 프로젝트가 그것이다. 이 사업은 유럽연합 학생들의 교환 교육 및 훈련 프로그램을 지원하는 기구인 Erasmus와 유럽연합의 지원을 받아 발달장애인들의 서비스 혁신을 도모하기 위해 진행되었다. 이탈리아, 스페인, 벨기에, 오스트리아, 룩셈부르크 등 5개국에서 6곳의 기관이 참여했다. 각 기관에서는 서비

ENABLE 프로젝트(Stott, 2018)

스 이용자, 가족, 전문가, 지역사회가 돌봄서비스 제공과 전달
의 동등한 파트너로 함께 협력하여 공동생산 방법론을 시행하
고 학습 플랫폼을 구축했다. 이 과정에서 공동생산은 전체 지
역사회에 가치를 보태는 팀 빌딩 프로세스라는 점이 강조되었
다(Stott, 2018).

　발달장애인들은 다른 다양한 주체들과 함께 서비스 개발 및
제공, 평가 과정에 참여하고 그들에게 필요한 소규모 과제(자립
생활, 평생학습, 사회적 포용 및 정치적 참여)를 공동생산 방식으로 수행
하면서 자기 주도성과 의사결정 능력이 향상되는 경험을 하게
된다. 그리고 이 과정에서 공동생산은 이용자와 함께하는 구체

적 원칙과 방법을 제시하며 사회적 모델의 이념적 지향성을 현실적으로 구체화하는 전략으로 평가되었다(김미옥 외, 2020).

2) 돌봄 영역에서 사회적경제의 역할

돌봄 영역에서 이용자 중심성과 돌봄 민주주의 구현에 중요한 공동생산은 다양한 이해관계자 간의 협력과 파트너십을 통해 수행된다. 특히 여러 연구는 돌봄서비스의 제공을 담당하는 공급 주체에 따라 공동생산의 활성화가 달라진다고 보고한다.

Pestoff(2006)는 스웨덴의 사례를 들어 공공과 민간 영리기업, 제3섹터 아이 돌봄 기관에 모두 공공자원이 투입되지만, 이 중 제3섹터 기관에서만 부모들의 광범위한 참여가 촉진되었다고 밝혔다.

Brandsen 등(2012)도 스웨덴의 아이 돌봄 사례를 바탕으로 영리와 공공에서 주관하는 아이 돌봄 기관보다 협동조합과 같은 제3섹터 기관의 아이 돌봄에서 부모들의 참여가 가장 활성화되고 공동생산이 가능했다고 주장한다. 협동조합을 이용하는 부모들은 공공과 영리 아이 돌봄 시설을 이용하는 부모들보다 아이 돌봄 과정에 대한 영향력 행사나 발언권, 선택권 등에서도 만족도가 높았다.

퀘벡의 사회서비스 제공에 있어서 사회적경제를 포함한 제3

섹터 조직들의 역할을 살펴본 Jetté와 Vaillancourt(2011)는 시장과 공공영역, 제3섹터로 구성된 이해관계자들이 공공서비스의 생산에 있어서 공동생산의 원리로 다양한 관계를 맺는다고 밝혔다. 그리고 1997년부터 정부의 재정 정책을 기반으로 100여 개의 사회적경제 기업들이 설립된 이후, 퀘벡의 공공서비스 공급은 중요한 발전 국면에 도달했다고 소개한다(이경미, 2020).

이처럼 돌봄 영역에서 공동생산을 수행하는 데 있어서 제3섹터 조직들 가운데 협동조합과 같은 사회적경제 조직이 공급 주체로서 두각을 나타내는 이유는 이들 조직이 조직 내 민주주의를 이행하며 경제적 민주주의를 실현하고, 복지 수요를 담당하며 지역사회의 공적 영역을 창출하는 역할을 하기 때문이다(정무권, 2020).

구체적으로 사회적경제 조직은 공동생산 과정에 이용자가 활발하게 참여하도록 공동체 형성을 돕는 프로그램을 운영하고, 주체들 간의 갈등을 해소한다. 또한, 사회적경제 조직은 서비스 공급 과정에 비용과 시간, 품이 많이 들더라도 서비스의 생산 과정에 이용자가 참여하는 수요자 맞춤형 서비스를 제공하며, 이는 이윤추구와 더불어 사회적 가치 창출을 주요 목적으로 하는 사회적경제 조직의 특성에 기인한 것으로 해석되었다(이경미 외, 2018).

따라서 사회적경제 조직은 민주적 거버넌스와 다중 이해관계자 거버넌스 원칙을 토대로 지역사회에 필요한 서비스를 여러 주체와 함께 공동생산하는 과정에서 시민들의 민주적 역량을 강화한다. 또한 호혜성에 기반한 결사체 활동과 경제활동을 추진함으로써 지역 내 사회적 자본을 형성하고 사회연대를 강화한다(정무권, 2020).

그리고 지역사회에 필요한 재화와 서비스를 생산하고 소비하는 과정에서 경제민주화는 물론, 지역사회의 복지 수요를 충족시키는 관계적 복지에 기반한 돌봄 시스템을 구축하는 것으로 파악된다.

관계적 복지란 인간과 사회, 환경의 지속가능성을 고려하고 공동체와 관계 자원을 강화하는 협력적 복지를 일컫는다. 관계적 복지는 공동체 구성원 간의 돌봄과 상호의존성, 연대와 공존의 가치를 강조하며, 사회적경제는 공동생산을 통해 시민사회의 역량을 강화하면서 관계적 복지로의 이행을 촉진하는 역할을 하게 되는 것이다.

5. 사회적경제 방식의 돌봄 공동생산 : 안성의료사회적협동조합

여기서는 공동생산의 원칙에 따라 돌봄 및 의료서비스를 제공하고 있는 사회적경제 조직으로 안성의료사회적협동조합

사례를 소개한다.

1) 개요

(1) 설립 배경

안성의료복지사회적협동조합(이하 안성의료사협)은 1987년 경기도 안성시 고삼면 가유리에서 연세대학교 의과대학 기독학생회와 현지의 가톨릭농민회 청년들이 주말 진료 활동을 시작한 것이 계기가 되어 탄생했다.

당시 마을 청년들과 예비의료인들은 농민의 건강권에 대한 고민을 나누며 단순한 봉사활동에서 나아가 상설 의료기관 설립에 합의하게 되었다. 1990년대 초 경희대학교 한의과대학 학생들과 한의사, 약사들이 결합하면서 안성진료회가 만들어졌고, 안성농민회와 의료인들이 공동으로 '안성공동의료원(가칭) 설립추진위원회'를 결성했다.

그리고 1994년 1억 2천만 원의 출자금을 모아 한국 최초의 의료생활협동조합(의료생협)을 설립하였으며, 이는 그보다 2년 전에 문을 연 안성농민한의원이 의료생협에 합류하여 규모 있는 의료기관의 모습을 갖추게 되면서 가능해졌다. 당시 법적으로는 개인 의원에 해당되었으나 1999년 소비자생활협동조합법이 제정됨에 따라 2001년 의료생협으로 재창립하고, 2013년

안성의료복지사회적협동조합 내부 전경

대의원 총회에서 의료복지사회적협동조합(의료사협)으로 전환을 결의했다(장종익, 2019b; 한겨레, 2020).

(2) 목표

안성의료사협은 다음의 세 가지 목표를 제시한다.

첫째, 지역주민이 주인인 조직으로 시장경제 논리에 의해 움직이는 반생명적 제도와 풍토를 극복하고 이윤 동기보다는 공공의 이익(건강 유지)을 위해 건강한 지역 만들기를 최우선 과제로 사업을 전개한다.

둘째, 조합원 및 주민의 의견을 즉각적으로 반영하는 구조로 조직의 유연성을 확보하며 조합원과 주민의 평가가 피드백 시스템으로 작용한다. 또한 일하는 사람도 모두 주인이므로 자발성, 효율성을 극대화한다.

셋째, 지역사회 내 보건의료 문제로 만성병, 노인 문제 등이 부각되면서 주민의 건강에 대한 자각과 생활습관의 변화, 올바른 의료형태 확립과 자발적이고 협동적인 노력이 중시된다. 따라서 지역사회 내 보건의료 문제를 해결하는 데 주민의 자치적이고 협동적인 활동을 중요하게 생각한다(안성의료사협 홈페이지).

(3) 조합 현황 및 조직 구성

안성의료사협은 설립 초기인 1994년 253가구의 조합원으로 시작하여 2022년 말 현재 7,132가구 규모로 크게 성장했다. 의료사협 산하에 5개의 의원과 1개의 재가장기요양기관, 1개의 요양보호사교육원, 2개의 검진센터를 운영 중이다. 직원 수도 1994년 10명에서 2022년 말 146명으로 증가했으며, 이중 정규직이 98명, 비정규직이 48명이고, 취약계층이 64명에 해당한다. 성별 분포는 여성 직원 126명, 남성 직원 20명으로 여성 직원이 6배가량 많다.

1994년 1억 2천만 원으로 시작한 출자금은 2022년 말 현재 16억 5천 4백여만 원으로 늘어났다. 한 해 매출액은 71억 5천여만 원에 달한다(안성의료사협 홈페이지[1], 협동조합 경영공시 자료[2]).

---

1. www.asmedcoop.or.kr
2. 경영공시 자료, www.coop.go.kr/home/disclosure
/DisclosureDetail_step01.do

2) 특징

(1) 선도적 사업모델

안성의료사협은 '믿을 수 있는 좋은 의료서비스'를 제공하기 위해 적정 진료를 수행하고 약물의 오남용 및 과잉검사, 과잉 처치를 지양한다. 이를 위해 항생제와 주사제의 처방률을 분기별로 검토하고 환자에게 질병과 치료과정에 대해 충분히 설명한다.

또한 '취약계층에 대한 보건의료서비스를 제공'하기 위해 1994년부터 건강검진 제도와 가정간호 사업, 왕진사업을 수행하였고, 1995년에는 만성질환 관리사업, 1999년에는 주간보호 사업, 2004년에는 방문요양 사업을 시작했다. 이들 사업은 모두 정부보다 빠르게 설계하여 시행한 선도적 모델들이다(라이프인, 2023; 장종익, 2019b).

(2) 지역사회 주민 자치능력 향상

안성의료사협이 추구하는 또 다른 주요 미션은 '지역사회 주민과 조합원의 건강 자치능력 향상'이다. 건강 교육을 통해 지역주민과 조합원의 건강 지식을 증진시키고, 조합원이 마을모임이나 소모임, 대의원회, 이사회 등 각종 모임과 공식적인 의

사결정 구조에 참여함으로써 스스로 협동조합을 운영하도록
한다. 또한 다양한 자원봉사활동을 통해 상호부조를 증진하도
록 돕는다(장종익, 2019b).

3) 성과와 요인

(1) 성과

안성의료사협의 성과는 첫째, 의료서비스 차원에서 믿을 수
있는 주치의가 마련되고 과잉진료가 낮아졌으며, 진료비 부담
이 완화되었다는 것이다. 예방 중심의 접근을 통해 조합원들
이 건강한 삶의 실현을 위한 기회를 갖게 된 것도 중요한 성과
이다.

둘째, 의료진을 포함한 직원들에게 보람 있는 일자리를 제공
하는 점도 성과이다. 의료진들은 조합원으로서 의료사협의 운
영에 소비자 조합원들과 동등하게 참여하고, 소비자 조합원들
의 신뢰를 받으며 일하는 데 보람을 느낀다.

셋째, 사회적 차원에서 안성의료사협은 지역사회에 긍정적
효과를 발휘해왔다. 다양한 지역모임과 소모임을 통해 조합원
활동을 활성화하고 역량을 강화해 왔으며, 평생 건강관리 체
계를 수립하고 평생 관리 백과를 편찬하여 지역주민들의 건강
증진에 기여했다. 건강증진사업을 통해 지역 내 돌봄이 가능

하도록 주민들을 건강 리더로 육성해왔으며 정부 시행에 앞서 지역주민에게 필요한 선도적 서비스(건강검진제도, 가정간호 사업, 왕진사업, 만성질환 관리사업, 주간보호시업, 방문요양 등)들을 개발하고 진행했다.

그 결과 안성시 전체 인구의 11%에 해당하는 주민들이 안성의료사협을 이용한다. 2021년에는 지하 1층, 지상 9층 규모의 돌봄 복합 사옥을 마련하여 건강검진과 양방, 한방, 치과 진료, 주간보호를 한 건물에서 종합적으로 제공하게 되었다(안성의료사협 홈페이지; 장종익, 2019b; 협동조합 공식 블로그).

(2) 성과요인 : 서비스 공급자와 이용자 간 공동생산

안성의료사협이 그동안 일구어 온 성과는 의료진과 서비스 이용자 간의 신뢰 관계를 바탕으로 만들어진 것이다. 안성의료사협은 처음 설립할 때부터 지역주민과 의료진이 함께 논의하며 지역에 필요하고 적합한 방식의 의료 시스템을 구현하고자 노력했다.

조직을 운영하고 사업을 개발하는 데도 통상적으로 21명의 이사진 중 실무이사(직원 조합원)를 제외한 17명의 소비자 조합원이 의사결정에 참여한다. 주요 사업을 결정하고 집행하며 평가하는 각종 위원회에도 직원 조합원과 소비자 조합원이 함께 참여한다. 위원회는 상설위원회와 일시적으로 구성되는 사업

준비 위원회(치과 건설 추진위원회, 건강증진센터 추진위원회, 창립기념행사 준비위원회, 송년회 준비위원회 등)가 있다.

안성의료사협의 모든 사업을 계획하고 실천하는 단위인 각 종 상설위원회의 종류와 기능은 다음과 같다(안성의료사협 홈페이지).

① 건강마을위원회

다양한 조합원 활동(지역모임, 소모임)을 지원하고 조합 행사 및 지역연대 활동, 자원봉사자 관리 및 지원 관련 사항을 담당한다.

② 본점 이용위원회

의료복지사회적협동조합다운 의료기관 만들기, 환자 중심의 의료기관 만들기, 이용 불편사항 개선, 취약계층 의료 지원 관련 활동을 담당한다.

③ 경영위원회

예산안 수립과 예산안에 따른 매월 목표 달성 점검 및 세부 계획 수립, 수익사업 개발, 건전한 재정 운영, 비보험 수가 결정 등을 담당한다.

④ 교육홍보위원회

소식지 발간, 홈페이지 운영, 홍보물 제작 등의 홍보 활동과 조합원 교육(보건학교, 임원 및 대의원 수련회, 신입 조합원 환영회, 협동조합 학교 등) 활동을 담당한다.

⑤ 인사위원회

채용, 직원 평가, 고용구조관리, 승진 및 상벌, 직원 복지, 직원 교육 등을 담당한다.

⑥ 3동 운영위원회

의료복지사회적협동조합다운 의료기관 만들기, 환자 중심의 의료기관 만들기, 이용 불편사항 개선, 예산안 수립, 예산안에 따른 매월 목표 달성 점검 및 세부계획 수립을 담당한다.

⑦ 서안성 운영위원회

다양한 조합원 활동(지역모임, 소모임) 지원과 출자운동, 신입조합원 교육, 조합 행사, 조합원 자원활동 관리, 의료복지사회적협동조합다운 의료기관 만들기, 환자 중심의 의료기관 만들기, 이용 불편사항 개선, 예산안 수립, 예산안에 따른 매월 목표 달성 점검 및 세부계획 수립을 담당한다.

협동조합의 활동에 적극적인 조합원에 해당하는 대의원과 이사들은 각 위원회에 소속되어 사업 계획을 세우고, 총회와 이사회에서 의사 결정에 참여하며, 결정 사항을 실천하고 이를 평가한 후 다시 계획을 세운다.

일반 소비자 조합원들도 단순히 의료진에게 증상을 호소하고 치료와 처방전을 받는 데 머물기보다는 협동조합이 초심을 잃지 않고 지역사회에서 협동과 연대의 가치를 실현하고 환자에게 현실적인 도움을 제공하도록 독려하고 촉진하며 제안한다.

직원 조합원 역시 소비자들의 기대와 열망에 부응하며 더 나은 시스템과 서비스를 실현하기 위해 함께 고민한다. 안성의료사협은 사회적경제 조직이 공동생산 방식으로 돌봄을 제공함으로써 의료진과 주민, 지역사회가 협력적 거버넌스를 형성하고 관계적 복지를 실현하는 모델을 제시한다는 점에서 더욱 의미가 있다.

4장

돌봄 참여소득과
공동생산

_ 은민수

1. 대전환기의 돌봄 국가

현재를 대전환기라고 한다. 모든 게 크게 변화될 필요가 있는 새로운 시대이니 사회정책도 패러다임 개편이 필요하고 돌봄에도 새로운 방식이 요구된다.

오래전 기획된 베버리지식 전략이나 비스마르크식 사회보험으로 현재의 거시적 변화들에 대응하기 어렵다는 논리는 어쩌면 당연하다. 복지국가와 관련해서도 어떻게 하면 사람들의 기본적 필요를 충족시키면서 생태적으로 지속가능성도 충족시킬지를 고민해야 한다.

이런 고민에서 파생되었으며 최근 주목받는 개념이 앞서 다뤘던 관계적 복지와 돌봄 국가이다. 우리 사회는 현재 저출생, 양극화, 고령화 문제에 직면해 있다. 그리고 이제는 자연환경의 문제에도 적극 대응해야만 한다. 인간의 필수 욕구를 충족시키고 생태계도 보살피며 사회적으로 가치 있는 참여를 독려하는 국가가 돌봄 국가이며 그 구체적 방법이 관계적 복지이다.

최근까지의 복지국가는 본질적으로 생산주의에 기반을 둔다. 즉 사회정책과 경제정책 사이 선순환에 입각하여 사회보장은 생산성 향상에 의존하였다. 그러나 사회복지가 경제성장에 의존하면 할수록 노동의 상품화는 불가피해진다.

그 결과 지속가능한 정치경제와 관련해서 '사회정책의 역할은 매우 부수적이었으며'(Bohnenberger, 2020), 환경 문제는 '사회정책 논쟁에서 거의 무시되었다'(Koch, 2018).

생산주의적 패러다임에서 사회정책은 진정한 자유를 누리는 온전한 시민을 위한 것이 아니라 경제성장을 위한 도구 정도로 축소될 수밖에 없었다. 예컨대 아동은 아동 그 자체가 아니라 미래의 노동자로 간주되는 식이었다. 피츠패트릭(2004)이 주장하듯이, 이런 식으로 '생산성 성장의 물신화'가 계속되면 사람, 환경, 정치제도를 돌보는 것과 같은 사회적으로 매우 의미 있는 재생산 활동의 필요성은 설명하기 힘들게 된다.

왜냐하면 이런 활동은 단순히 경제적 가치로 환산하기 어려운 측면이 있기 때문이다(Barry, 2019; McGann and Murphy, 2021). 다행히 기후변화 위기와 최근의 코로나19의 여파로 생태사회적 복지 모델로 전환해야 할 필요성은 점점 더 인정받고 공감대도 확대되었다.

그러나 안타깝게도 어떤 사회정책이 이런 방향 전환에 기여하는지에 대한 논의와 합의는 덜 이루어진 게 현실이다. 쉽지는 않겠지만 대전환의 시기에 우리는 특정한 사회정책을 통해, 많은 사람이 환경적으로 해로운 생산 및 소비 패턴에 참여하도록 만드는 정치경제를 인간과 자연에 유익한 활동에 참여하도록 만드는 정치경제로 변화시키려는 노력을 해야 한다.

이런 지속가능 정치경제를 추구하는 데 유용한 사회정책 수단으로 무엇이 있을까? 돌봄 국가 모델에서 주목하는 제도는 바로 보편적 기본 서비스(Universal Basic Services, UBS)와 이를 가장 잘 보완하면서 개인의 역량을 강화시키는 참여소득 제도(Participation Income, PI)이다.

보편적 기본 서비스(UBS)는 최근 주목을 많이 받는 아이디어로 공공서비스를 필요로 하는 모두에게 보편적으로 제공하는 제도이다.[1] 보편적 기본 서비스는 평등, 효율성, 연대, 지속가능성의 가치를 실현하고 기본적 욕구에 대한 사회적 권리를 충족시키는 것을 목표로 삼는다.

한편 참여소득은 '사회적으로 가치 있는 활동'에 대해 소득

---

1. 보편적 기본 서비스(UBS)는 2017년 영국에서 등장하였다. 당시 노동당 지지자들이 유럽연합 탈퇴와 잔류로 양분된 상황에서 2017년 조기 총선을 준비하던 노동당은 런던대학(University College London) 글로벌 번영 연구소의 교수들이 발표한 보고서를 기초로 UBS를 핵심공약 중 하나로 제시하였다. 모든 시민이 일정 수준의 안전, 기회, 참여에 대한 접근을 보장받음으로써 더 나은 삶을 살도록 무료 공공서비스를 제공하는 제도이다. 여기서 '서비스'는 공익을 위해 집합적으로 생성되는 활동을 의미하며, '기본'은 최소가 아닌 필수적이고 충분하여 사람들이 번영하고 사회에 참여하도록 하는 것을, '보편'은 지불 능력에 관계없이 누구나 자신의 필요에 맞는 서비스를 받을 자격이 있다는 것을 의미한다(Ian Gough, 2019).

을 지원하는 제도로 앳킨슨(Anthony Atkinson)이 제안하였다. 최근에는 앳킨슨의 원래 개념을 수정하여 역량 강화와 돌봄 윤리라는 측면에서 접근하는 경향이 있다(McGann and Murphy. 2021; Laruffa et al., 2022). 인간뿐 아니라 자연까지 망라하여 '세상을 돌보는 역량'을 강화하는 데 참여소득이라는 제도를 활용하겠다는 것이다.

이 장에서는 참여소득의 제도적 특성과 실현방안을 중점적으로 설명하고자 한다.

2절에서는 경제적 생산에서 벗어나 사회적 재생산과 환경적 보상에 중점을 두는, 자연과 사람을 돌보는 역량을 강화시키는 참여소득의 특성을 명확하게 보여주기 위해 무조건적 기본소득(Unconditional Basic Income, UBI)과 비교하는 방식을 통해 이 참여소득의 장점과 한계를 설명할 것이다.

3절에서는 참여소득의 단점을 극복하기 위한 대안으로 공동생산의 필요성을 네덜란드 RCT 실험과 스코틀랜드의 사회부조 실험을 통해 설명할 것이다.

2. 무조건적 기본소득과 참여소득 정책

1) 무조건적 기본소득(UBI)과 참여소득(PI)의 개념적, 제도적 특성 비교

무조건적 기본소득의 주창자인 판 파레이스가 초기에 제시했던, 가장 단순하고 강력한 기본소득의 개념은 '만인의 실질적 자유'를 위하여 기본적인 소득을 보장한다는 것이다. 모든 사람에게 그 사람의 상황이나 욕구에 상관없이, 근로의무 등의 자격 조건도 없이, 가구가 아닌 개인에게, 국가가 정기적으로 현금을 제공하는 소득이라는 점이 이 제도의 주요 특징이다.

따라서 무조건적 기본소득의 주요 특징은 보편성, 무조건성, 개별성, 정기성, 현금성이다. ① 무조건적 기본소득의 '보편성'은 지급대상이 특정한 인구집단이 아니라 전체 인구집단이라는 것이며[2], ② '무조건성'은 소득조사 혹은 재산조사를 필요로 하지 않을 뿐만 아니라 근로의무를 부과하거나 근로 의사를 확인하지 않는다는 것이고, 이 점은 다른 변형적 혹은 유사 기본소득과 구분되는 가장 대표적인 특징이다. ③ '개별성'은 기본소득이 가구 상황과 무관하게 개인에게 직접 지급되는 소득이라는 것이며[3], ④ '주기성'은 기본소득이 지속가능한 삶을 유지하도록 주기적으로 지급하는 급여라는 것이다.[4] ⑤ '현금성'은

---

2. 유일한 조건은 구체적인 영토로 규정되는 특정한 공동체의 성원이어야 한다는 점이다. 여기서 특정한 공동체의 성원이 의미하는 바는 영주권이나 시민권 여부가 아니라 어느 정부에 세금을 납부하고 있느냐 하는 차원에서의 거주지를 의미한다. 따라서 외국인의 경우에는 최소한의 거주기간이나 납세 등의 거주요건을 충족시켜야 한다.

3. 가구별로 지급되는 급여는 가구 구성원 모두에게 균등하게 배분되지 않을 수도 있기 때문에 기본소득은 가장의 계좌에 돈을 몰아주는 대신 가구 내 수급권자들의 계좌에 개별적으로 직접 돈을 지급하는 방식을 선호한다.

4. 일회성 지급으로 끝난다면 기본소득을 일시에 탕진하여 삶이 지속가능하지 않을 것이기 때문이

현물이 아닌 현금 지급을 원칙으로 한다는 것이다[5](Van Parijs, 2004; Van Parijs and Vandervorght, 2018).

참여소득 제도의 특징을 무조건적 기본소득 및 기존 사회보장제도와 비교하면 다음과 같다.

첫째, '무조건성' 여부에서 차이가 있다. 무조건적 기본소득과 달리 참여소득은 조건적이다. 그러나 참여소득은 근로연계복지와 같은 기존의 소득보장 정책처럼 엄격한 '노동시장' 참여를 요구하지 않는다. 대신 수급자에게 본인이 선택한 사회적 기여활동을 요구한다.

둘째, '보편성'에서 차이가 있다. 무조건적 기본소득과 달리 참여소득은 모두에게 지급하지는 않는다. 그러나 참여소득은 빈곤층과 실업자를 수급대상으로 삼는 다른 소득 재분배 정책과 달리 특정 집단을 선별하여 자격을 부여하지는 않는다. 나머지 '개별성'과 '주기성', 그리고 '현금성'은 무조건적 기본소득과 다르지 않다. 즉 참여소득 개인 단위로 현금을 주기적으로 지급하는 것에 반대하지 않는다.

참여소득은 특정 정치 공동체의 각 성인 구성원에게 참여소

다. 그렇다고 기본소득의 주기성이 일정하게 정해진 것은 아니다. 대체로 '월' 단위 지급을 제안하지만, 고정적인 것은 아니다.
5. 그렇다고 기본소득이 다른 모든 이전 소득을 완전히 대체하는 것은 아니며 교육과 의료서비스 등 사회서비스를 대체하는 것은 더욱 아니다. 또한 현금 지급 원칙을 교조적으로 받아들일 필요도 없다. 저축이 불가능하면서 현재 소비해야만 하는 식의 용도가 제한된 특정 화폐의 형태로 제공될 수도 있다.

득을 받는 대가로 사회적으로 가치 있는 일을 수행하는 것을 조건으로 지급되는 소득이라고 정의한다. 따라서 가장 큰 차이는 기본소득이 일과 소득 간 분리를 설정하는 반면에 참여소득은 사회에서 필요로 하는 일과 소득을 통합적으로 연계해서 접근한다는 점일 것이다.

그래서 참여소득은 '무조건적'이지 않고 '보편적'이지 않다. 참여소득은 사회적으로 유용한 기여를 한 신청자에게 지급이 허용되며, 이 점이 참여소득과 기본소득의 핵심적인 차이점이다.

2) 참여소득의 장점과 한계

빈곤과 기본소득에 대한 논쟁이 시작된 이후 앳킨슨과 앙드레 고르(Andre Gorz)는 소득지원이 사회적으로 유용한 노동을 하는 것을 조건으로 급여를 지급해야만 한다고 주장하면서 참여소득을 제시하였다(Gorz, A. 1999, Atkinson, 1996).

대표적으로 돌봄 같은 서비스 일자리와 공익적인 자원봉사 활동이 참여소득의 자격 조건이 될 것이다. 앳킨슨은 참여소득을 주장하면서 기본소득의 무조건적 특성을 받아들이기 어려운 두 가지 이유에 대해 다음과 같이 언급한다.

첫 번째는 기본소득이 사회보장에 대한 근본적인 대안이 아니라 자산조사 급여에 대한 의존성을 줄이는 목적, 즉 사회보장제도를 개선하고 보충하는 목적을 가져야 한다는 것이고, 두 번째는 기본소득이 정치적 지지를 획득하기 위해서는 무조건적 원칙을 고수해서는 곤란하고, 기본소득이 노동시장을 활성화시키는 목적으로 작동해야만 한다는 것이다.

"시민소득이 모든 정당에서 지지자들을 두고 있음에도 불구하고 어째서 아직 도입되지 않았는지를 생각해보아야 한다. 나는 이 질문을 고민한 결과, 시민소득이 정치적 지지를 확보하기 위해서는 그 지지자들이 타협할 수 있어야만 한다는 결론에 도달했다. 자산조사가 없어야 한다는 원리나 개인의 독립성 원리를 타협하자는 게 아니다. 무조건적 지급이라는 원리를 타협하자는 것이다"(Atkinson, 1996).

앳킨슨은 참여소득이 장기적으로 무조건적 기본소득으로 가는 과정에서 디딤돌 역할을 수행할 것으로 전망했다. 기본소득과 마찬가지로 참여소득 또한 개인에게 획일적으로 지급되는 수당이며, 개개인은 여기에 자신이 원하는 대로 다른 소득을 추가로 얻는다.

참여소득제는 매우 특징적인 장점과 매우 해결하기 어려운 단점을 동시에 내장한다. 기본소득과 결정적으로 다르면서도 설득력 있는 장점은 '일정한 사회적 기여'를 요구한다는 점에

서 '상호주의(Reciprocity)'를 충족시킨다는 점이다.[6]

앳킨슨에 따르면, 경제활동 연령에 있는 이들에게 이런 조건을 충족시키는 활동은 "전일제 혹은 시간제 유급 고용, 혹은 자유업이거나, 교육 및 훈련 혹은 적극적인 구직활동이거나, 가정에서 아이나 노약자를 돕는 돌봄 활동이거나, 사회적으로 인정된 결사체에 정기적으로 출근하는 자원봉사 등이 모두 포함된다. 질병이나 장애 등의 이유로 참여하기 어려운 이들에 대해서는 수당이 제공될 것이다"(Atkinson, 2015).

앳킨슨은 참여소득이 현재의 사회보장제도에서 발생하는 다양한 문제들, 즉 저소득 가구나 한부모 가구 등과 고소득 가구 간에 발생하는 소득 격차의 문제를 일정 정도 완화시킨다고 보았다.

기존의 사회보험과 자산조사 프로그램을 중심으로 운영되던 복지국가 시스템의 근본적인 대안이 아니라 보충적으로 기존의 사회보장제도를 개선하는 데 활용 가능하다는 주장이다. 또한 노동의 영역을 무급노동까지 확대함으로써 현재 노동시장에서 실업 문제를 완화하는 데 혁신적인 대안이 될 수 있다고

---

6. White(2017)는 상호주의를 '타인의 생산적 노력으로 창출된 이익을 공유하기로 선택한 사람은 그 대가로 호혜적인 노력을 기울여야 한다'는 원칙이라고 정리하였다. UBI 지지자들은 종종 이 원칙을 미드 같은 신자유주의적 가부장주의자들이 만들어낸 것으로 치부하지만, 이는 잘못된 생각이다. 이 원칙은 여러 영향력 있는 평등주의 정의이론, 그중에서도 사회계약 이론의 전통에 깊이 뿌리를 두고 있다.

강조한다(은민수, 2020, 2021).

스와톤(Swaton, 2018)은 참여소득을 생물권의 한계에 부합하는 환경적 또는 사회적 활동을 촉진함으로써 생태적 전환을 가속화하고자 하는 생태전환소득(Ecological Transition Income, ETI)의 한 형태라고 주장한다.

그녀는 ETI가 사람들이 프로젝트를 시작하도록 맞춤형 지원을 동반할 수 있으며, 광범위한 생태적, 민주적 소속감을 옹호하기 때문에 '차이 속의 평등'을 존중하는 연대주의 원칙을 통해 돌봄과 상호의존성 지원에서 영감을 받은 소속감과 협력을 촉진한다고 주장한다.

마찬가지로 페레즈 무노즈(Pérez-Muñoz, 2018)는 참여소득이 자원봉사, 사회적경제, 제3섹터 또는 환경 정치를 통해, 또는 유급 노동과 적극적인 생태 시민권의 균형을 재조정함으로써 환경 재생산 작업을 조정하는 데 기여할 방안이라고 주장한다.

이런 논의를 종합해보면, 참여소득이 돌봄과 생태적 노동에 대한 보상과 재분배 등 사회적으로 가치 있는 다른 형태의 참여를 촉진한다는 점에서 상호주의에 부합한다(McGann and Murphy, 2021).

다만 참여소득에서 가장 문제로 제기되는 것은 사회적으로 가치 있는 활동을 어떻게 구분하고 모니터할 것인가 하는 부분이다. 특정 활동이 과연 사회적으로 유용한지를 판단하는 기준을 사회적으로 마련해야 하는데 현실적으로 쉽지 않은 문제이다.

사회적으로 가치 있는 활동의 범주를 넓힐수록 앳킨슨이 비판한 무조건적 기본소득의 개념에 가까워질 것이고, 활동의 범주를 좁힐수록 근로연계복지와 차이가 없어지게 될 것이다.

앳킨슨이 주장한 최소한 일주일에 35시간 '인정받는' 일을 하는 것은 언뜻 보면 공정해 보여도 실상은 공정하지 않을 수 있다. 이 조건은 이미 풀타임 일자리가 있거나 고소득자들에게는 영향을 미치지 않지만, 힘든 육체노동을 하거나 매우 낮은 임금을 받는 일자리에 종사할 수밖에 없는 사람들에게는 수행하기 어렵고 비용이 들며 까다로운 일이 될 것이다(Standing, 2017).

게다가 피츠패트릭(Fitzpatrick)의 주장처럼 사람들의 일상 행위들을 모니터하는 과정에서 행정 비효율성과 과도한 감시를 유발할 위험이 있다(Fitzpatrick, 1999). 사회적으로 유용한 활동이 제대로 수행되는지를 점검하다 보면 불가피하게 수급자의 사생활에 지속적으로 관여하게 된다는 지적인데 매우 개연성이 높은 비판이다. 결국 수급자 통제의 문제로 인해 여러 분쟁이 발생하게 될 것이며 그것을 운영하는 비용이 기본소득 제도보다 더 높아질 가능성도 있다.

그렇다면 일정한 사회적 기여를 통해 상호주의를 충족시킨다는 장점을 살리면서 사회적으로 가치 있는 활동인지를 판단하고 확인하기 어려운 문제를 우회하는 방안이 없을까?

3. 돌봄 국가에서 역량 강화를 위한 참여소득 실현방안

참여소득의 개념을 수정하여(Atkinson, 1996), 호혜성의 원칙을 유지하면서도 유급 고용뿐만 아니라 재생산 및 생태적 노동(사람, 환경, 제도에 대한 돌봄)을 참여 조건으로 인정하는 방식도 가능하다.

이를 위하여 먼저 ① 역량접근법(CA)과 돌봄 윤리에 기반한 참여소득의 규범적 틀을 제시하고, ② 참여소득 비판에 대하여 유용한 해결책으로 여겨지는 공동생산의 사례로 네덜란드와 스코틀랜드의 실험을 소개한다(Laruffa et al., 2022).

1) 역량접근법과 돌봄 윤리의 결합

먼저 역량접근법은 사람들의 역량, 즉 '가치 있는 삶'을 영위하는 진정한 자유를 확대하는 데 필요한 지원에 초점을 맞춘다(Sen, 1999; Nussbaum, 2011). 역량 접근법은 두 가지 점에서 매우 유용하다.

첫째, 고용촉진이라는 협소한 관심사를 넘어 역량 관점에서 고용뿐만 아니라 돌봄 노동이나 시민참여와 같은 다른 활동도 사회정책이 지원해야 할 가치 있는 참여의 형태로 간주한다. 즉 일(work)을 고용 이외의 다른 활동까지 광범위하게 확대한다. 사회정책이 사람들의 삶을 지탱해주는 의미 있는 일을 촉진시키는 역할에 관심 갖도록 해준다(Deranty, 2021).

이 지점에서 역량접근법은 돌봄 윤리와 유용하게 결합한다. 돌봄 윤리는 인간 활동으로서 돌봄의 사회적, 정치적 가치를 강조하고 인간관계, 상호의존성, 호혜성, 관계와 책임 사이의 유대의 중요성을 강조하기 때문이다.

피셔와 트론토(1990)는 돌봄을 '우리가 가능한 잘 살도록 세상을 유지, 지속, 복구하기 위해 우리가 하는 모든 일을 포함하는 종(Species)의 활동'이라고 정의한다. 이 세계에는 우리 몸, 우리 자신, 환경이 모두 포함되며, 이 모든 것이 복잡하고 생명을 유지하는 그물망으로 얽혀 있다'는 것이다. 이런 관점은 공적 영역과 사적 영역의 경계를 넘어 인간과 인간의 돌봄 관계, 자연과의 생태적 관계를 포함하여 사회적 관계의 총체성을 담는다.

참여소득은 우리 사회의 사회적, 환경적 지속가능성을 증진하기 위한 정책 수단으로 활용 가능하다. 참여소득이 시민들에게 노동시장으로부터 '출구 옵션'을 제공하여 다양한 재생산 및 생태 활동에 참여하도록 유도한다. 사람 돌봄에서 환경파괴의 복구 또는 민주적인 문화 확산에 이르기까지 사회가 필요로 하는 부문에 기여하는 게 가능하기 때문이다(Laruffa et al., 2022).

역량접근법이 규범 틀로 유용한 두 번째 이유는 민주주의 측면의 중요성 때문이다(Sen, 2009). 참여소득은 사회정책의 설계 및 실행 방식에서 민주적일 것을 요구한다. 특히 시민들은 고용을 넘어선 '가치 있는 활동'의 성격을 정의하는 데 참여해야 한다. 이런 '민주적' 접근 방식은 참여소득의 비판과 잠재적 단점을 성공적으로 극복하는 데 필수적이다(Laruffa et al., 2022).

역량 강화 정책은 대상자를 복지 혜택의 '수용자' 즉 자신의 존엄성을 존중할 만큼 충분히 관대한 복지 혜택을 받는 사람이자, '실천자' 즉 노동시장 안팎에서 가치 있는 활동을 통해 번영하는 행위자이자, '판단자' 즉 자신의 열망과 가치를 표현하고 정책 수립에 참여하는 능력과 의지가 있는 시민으로 이해한다. 결국 사회정책이 고용을 넘어 다른 가치 있는 재생산 활동을 촉진해야 하며, 이런 정책의 정확한 내용은 민주적으로 정의되어야 한다는 두 가지 중요한 점을 결합한 것이 바로 돌봄 국가의 참여소득 방식이다(Laruffa et al., 2022).

2) 공동생산과 참여소득

공동생산(Co-production) 및 공동수립(Co-creation)의 개념은
시민들이 참여하는 프로그램에서 공공의 가치를 창출하는 데
있어 시민들의 주체성을 강조한다. 베르슈에레 등(2012)은 공동
생산이란 '공공서비스 주체와 시민이 서비스 제공에 기여하는
활동의 혼합'(Verschuere et al., 2012)으로 정의하지만 보다 규범
적인 측면에서 공동생산은 시민의 적극적인 참여로 그 결과가
공동 창출되고 시민의 기여가 '실질적'인 것으로 간주되는 접
근 방식을 포괄한다(Laruffa et al., 2022).

이 글에서 제안하는 공동생산 및 공동수립을 통한 역량 중심
의 참여소득은 제재를 통해 참여를 강제하는 방식에서 벗어나
양질의 참여 옵션을 통해 청구인의 내재적 동기에 호소하는 방
식을 말한다.

이와 관련하여 해외에서 진행된 두 가지 사례를 소개하고자
한다. 2015년 참여법에 따른 네덜란드 사회부조 개혁과 그에
따른 '신뢰 실험(Trust Experiment)' 그리고 최근 스코틀랜드의
고용 서비스 공동수립 실험이다.

첫 번째 사례는 네덜란드의 신뢰 실험이다. 네덜란드는 2017
년 가을, 10개 지자체가 주민참여법(Participation Law)에 근거해
서 2년 동안 무작위 대조군실험(RCT: Random Control Trial)을 시

도하였다.

이 중 6개 지자체는 참여법 제83조 실험 조항을 활용해 2년 간 지속적인 실험을 시행했으며, 나머지 4개 지자체는 다른 기존 법률을 활용하여 유사한 실험을 진행했다. 10개 실험에 참여한 총 참여자 수는 약 5,000명 수준이었으니 1970년대 미국이나 캐나다의 기본소득 실험보다 약간 더 큰 규모로, 전 세계에서 진행된 사회보장 실험 중 가장 큰 규모의 실험 중 하나였다.

이 실험의 목적은 많은 급여 조건과 엄격한 통제를 수반하는 그동안의 '채찍과 당근' 접근 방식과 사람들의 의도를 신뢰하고, 내재적 동기를 존중하며, 더 많은 자율성과 선택의 자유를 부여하여 사람들의 주도적인 구직활동을 보상하는 접근 방식 중 어느 것이 더 효과적인지를 조사하는 것이다(Muffels, 2021).

이 실험에서 흥미로운 점은 아래와 같은 행동경제학적 통찰과 사회심리학적 통찰을 반영했다는 점이다(Groot et al., 2019; Muffels, 2021).[7]

첫 번째 통찰은 빈곤이 사람들의 사고방식 또는 정신 상태에 미치는 영향에 관한 것이다. 연구에 따르면 빈곤으로 인한 (재정적) 부족과 스트레스는 사람들의 인지적 자원을 감소시킨다

---

7. 참여법 제 87조에 따라 실험을 진행하는 지방자치단체는 '정책 이론'과 실험의 이론적 토대를 설명하는 자세한 신청서를 작성해야 했으며 지역 실험의 아이디어의 근간이 되는 가설과 가정에 대해서도 자세히 설명하도록 요청했다고 한다.

(Mani et al., 2013). 재정적 부족과 사회적 지원 의무 이행이 사람들의 인지 자원의 많은 부분을 차지하면, 유급 일자리를 적극적으로 찾는 것과 같은 중요하고 인지적으로 도전적인 과제를 수행할 여지가 거의 남아있지 않게 된다.

두 번째 통찰은 행동경제학에서 비롯된 것으로, 호혜성과 신뢰가 중요하다는 점이다. 연구 결과에 따르면 사람들은 신뢰를 받는 대가로 더 많은 동기를 부여받고 자신의 업무에 최선을 다하며, 따라서 자신을 신뢰하는 사람들에게 보상을 제공한다고 한다. 따라서 신뢰는 긍정적인 호혜적 감정으로 이어져 지속적인 헌신과 생산성 향상으로 이어진다는 주장이다.

세 번째 통찰은 심리적 동기 이론에서 나온 것으로, 내재적 자극이 외재적 동기를 압도하기도 한다는 것이다. 이에 따르면 내재적 동기를 가진 사람들은 행동의 효과성과 지속성이 높고 웰빙이 개선된다고 한다. 사람들에게 자신감을 주면 자기 관리 능력이 생겨 구직 행동과 지속 가능한 고용에 영향을 미친다는 것이다.

네 번째 통찰은 사람들의 역량을 강화하고 '선택의 자유'를 제공하는 것으로 센(Sen)의 '역량이론'에서 비롯된 것이다. 이 이론에서 역량은 사람들이 자신의 삶에서 가장 중요하게 여길 만한 이유가 있는 일을 하거나 할 수 있는 선택권을 의미한다. 이런 방식으로 사람들은 개인의 자율성과 자신감을 키우는 동시에 웰빙을 향상시킬 수 있는 기회를 제공받게 된다.

네덜란드에서 국가 사회부조(SA) 지급을 담당하는 지방정부는 국가 사회보장 정책의 시행 방식을 조정하는 자율성을 누린다. 급여 수준은 최저임금에 연동하여 전국적으로 '고정'되어 있지만, 참여 요건을 결정할 권한은 지자체가 갖는다. 따라서 각 지자체는 이런 요건이 무엇이고 얼마나 엄격하게 시행할 것인지를 결정할 권한과 책임이 있다(Groot et al., 2019).

많은 지자체가 엄격한 모니터링과 제재를 기반으로 하는 근로주의적 방향을 추구했다. 그러나 이런 접근 방식의 낮은 성공률에 실망한 몇몇 지자체는 '신뢰 실험'을 통해 새로운 방식의 사회보장제도 시행을 실험했다. 이런 지자체는 모든 신청자가 사회적으로 유용한 활동을 수행해야 한다는 핵심 약속을 유지하면서, 참여를 장려하기 위해 내재적 동기에 의존하는 방법을 선택했다. 참여는 교육, 돌봄, 자원봉사를 포함하도록 폭넓게 해석되었다.

복지관 상담원들은 시민들이 사회부조를 오용하지 않을 것이라고 믿고, 참여 기회 창출을 통한 신뢰 구축이 '장기적으로 더 효과적일 것'이라는 신념으로 면밀한 모니터링과 제재를 강제하지 않았다. 대신 시민들은 지자체를 신뢰하고 복지기관은 시민들이 강압이 아닌 스스로 가치 있다고 생각하는 일을 선택하도록 기회를 제공함으로써 동기부여를 통한 참여를 기대하였다(McGann and Murphy, 2021).

이에 따라 활동계획은 어떤 형태의 참여가 중요한지에 대한 신청자 자신의 신념을 중심으로 설계되었다. 즉 참여 기준은 관료적으로 결정하기보다는 현장에서 공동으로 만들어졌으며, 강제하기보다는 '상호성이 전제되었다(Muffels, 2021).

실험 결과는 긍정적이고 유의미한 것으로 나타났다. 특히 자기 효능감, 주관적 웰빙, 선택의 자유, 주관적 건강에서 가장 긍정적인 효과가 나타났으며 일부 도시에서는 소득 감소 또는 탈빈곤에도 긍정적인 영향을 미치는 것으로 나타났다. 시간이 지남에 따라 이런 치료가 사회적 신뢰에 미치는 긍정적인 변화도 발견되었다.[8]

이 실험을 통해 얻게 되는 사회정책에 대한 교훈은 특히 가장 취약한 사람들에게 더 개인적인 관심을 기울이고 맞춤형 지원을 제공하면 서비스 제공의 질이 향상되는 동시에 사회복지사의 직무 만족도도 높아진다는 점이다.

'역량 기반의 참여소득' 방식에 내재된 아이디어는 복지 혜택을 받는 가장 취약한 사람들의 고용 기회를 개선하는 데도 도움이 될 것이며, 이들의 사회 참여, 사회적 신뢰, 주관적 웰빙 및 건강을 향상시킬 것이라는 기대이다.

---

8. 자세한 실험 결과는 Groot, L., Muffels, R. and Verlaat, T. (2019) 참조.

두 번째 사례는 스코틀랜드에서 한부모를 대상으로 지역 고용 서비스를 제3섹터-공공 부문 파트너십이 공동생산한 경우이다.[9] 스코틀랜드에서는 'Making It Work(MIW)' 프로그램에 따라 5개 지방의회가 제3섹터 조직과 협력하여 이 공동생산의 원칙을 기반으로 한부모 가정을 위한 고용지원 서비스를 개발했다.

대상은 복합적인 욕구를 가진 한부모 가족이었는데 구체적 조건은 장애가 있거나 장애인을 돌보는 경우, 대가족(자녀가 3명 이상), 노동시장이 침체된 지역에 거주하는 경우, 열악한 환경에 거주하는 경우, 직장 경험이 거의 없거나 2년 이상 실직 상태인 경우였다. MIW는 영국의 기존 고용지원 방식과 달리 자발적 참여 모델을 기반으로 하며, 서비스 제공에 대한 안내 및 접근, 현장의 '핵심 근로자'가 제공하는 맞춤형 지원, 고용과 보육을 포함한 지원 서비스 간의 연계를 특징으로 한다.

이 프로그램은 한부모가 육아와 가족생활을 병행하는 데 도움을 주고, 노동시장에서 멀리 떨어져 있어 지원 혜택을 받지 못하는 한부모가 서비스를 쉽게 이용하도록 설계되었다. 흥미로운 점은 이 프로그램을 후원하는 곳이 스코틀랜드의 빅 로터

---

9. 다양한 이해관계자가 서비스 설계 및 계획에 참여하는 공동 거버넌스, 서비스 자원 조달 및 제공에 있어 부문 간 협업을 의미하는 공동 관리, 이용자가 현장 근로자와 협력하여 스스로 서비스를 생산하고 형성하는 공동생산을 구분하기도 한다(Brandsen and Pestoff, 2006).

리 펀드(Big Rotary Fund)로 일종의 복권기금이었다는 점이다.

빅 로터리 펀드는 700만 파운드의 기금을 2013년부터 2017년까지 공공부문의 서비스 제공업체와 협력하는 제3섹터에 제공하였다. 그 덕분에 이 서비스는 5개 지역(에든버러, 파이프, 글래스고, 노스 라나크셔, 사우스 라나크셔)에서 제공되었다(Lindsay et al., 2018).

세 가지 측면에서 이 사업의 성과가 확인된다. ① 공동 거버넌스(서비스의 공동 계획 및 제공), ② 공동관리(공공부문, 제3섹터 및 기타 이해관계자가 참여하는 서비스 관리 및 제공에 대한 협업), ③ 공동생산(사용자가 더 나은 품질의 결과를 생산하기 위해 서비스 생산 과정에 직접 참여)이다.

첫 번째 주목할 만한 발견은 기금 제공자가 프로젝트 초기부터 협력적 파트너십 형성 과정을 장려하여 지역서비스 계획에 있어 공동 거버넌스를 장려했다는 점이다. 위에서 언급했듯이 지역별 관련 조직이 상향식 파트너십을 구축하도록 지원하였고, 최종 파트너십 구성, 역할 및 목표가 지역 파트너와 기금 제공자 간에 합의되었다(Lindsay et al., 2018).

두 번째 성과는 이런 협업 모델이 다양한 파트너들의 특정 전문성과 자산을 활용하도록 설계된 현장(일선) 중심의 개입을 통해 서비스 공동관리에도 적용되었다는 점이다. 파트너들은 서로의 역할과 전문성을 이해하였고, 서로가 가져다주는 부가가치에 대해 명확히 알았다.

> 우리가 한 일은 보건 방문자, 지역사회 학습 개발팀, 보건 및 복지서비스, 사회사업 부서 등 지역사회에 통합되기 위해 할 수 있는 모든 것을 통해 관계를 구축한 것입니다(주요 관계자 인터뷰, Lindsay et al., 2018).

세 번째 성과는 사용자가 생산 과정에 직접 참여함으로써 사용자의 목소리가 중요하게 다뤄졌다는 점이다. 공동생산은 서비스를 사용하는 사람들과 서비스를 제공하는 사람들 간의 적극적인 대화와 참여의 과정이며 서비스 이용자를 서비스 제공자와 동등한 위치에 놓이게 하는 과정이다.

> 처음에 이용자와 함께 세우는 실행 계획이 가장 중요한 부분입니다. 저는 누군가를 만나면 메모를 하고 원하는 것이 무엇인지 물어봅니다. 무엇을 원하시나요? 어떻게 하면 그걸 이룰 수 있을까요? 그 다음부터 세분화하기 시작합니다. 그래서 이용자와 충분한 시간을 보내면서 대화를 나누고 그들이 진정으로 원하는 것이 무엇인지 알아낸 다음 거기서부터 시작하는 것이죠. 그들 중 일부는 이전에 그런 질문을 받은 적이 없었습니다(주요 관계자 인터뷰, Lindsay et al., 2018).

공공 고용 서비스인 고용센터 플러스가 제공하는 기존의 서비스를 접해본 많은 이용자에게 이 두 가지 방식의 서비스는 극명한 대조를 이뤘다.

> 고용 취업센터와는 매우 다르게, '우리는 도와주러 왔다'는 편안한 분위기였습니다. 그들은 우리에게 군림하지 않았습니다. 누가 시켜서 하는 것이 아니라 각자 자신의 시간에, 자신의 속도에 맞춰서 하는 방식이었습니다(이용자 인터뷰, Lindsay et al., 2018).

위와 같은 공동 거버넌스, 공동 관리 및 공동 제작의 진전을 촉진하는 데 도움이 된 촉진요인은 지역당국 차원의 파트너십에 자금지원, 관계자들의 지리적 근접성이다. 이런 점들이 공동 거버넌스와 공동 관리의 강력한 관계를 공고히 하는 데 중요하다는 것이 분명해졌다.

베르슈에르 등(2012)은 공동생산을 촉진하는 요인으로 서비스 제공자의 근접성과 접근성을 지목하면서도 '공동생산에 대한 이용자의 요구와 공동생산의 동기를 아는' 주요 관계자의 중요성을 강조한다. 여기서 우리는 MTW 접근 방식에서 두 가지 중요한 요소를 확인할 수 있다. 첫째, 국가 기금 제공자가 공간적 지역사회 내에서 영향력과 신뢰성을 갖춘 풀뿌리 조직과 대상인 한부모 이용자 집단을 포함하는 협력 모델을 요청하고 지역 파트너십이 이를 제공했다는 점, 둘째, 위에서 언급한 것처럼 프로그램 시작 단계에서 광범위한 참여와 관계 구축을 위한 시간과 자원이 충분히 허용되었다는 점이다.

4. 결론

대전환기를 맞아 이에 적합한 사회정책 패러다임 개편이 필요한 시기이다. 새로운 시대에는 국가와 국민의 돌봄 방식에도 뉴노멀이 필요하다. 오래전 형성된 베버리지식 전략이나 사회보험 방식으로는 실업, 비정규직, 양극화, 백세시대, 요양과 간병, 불평등의 문제에 대응하기 어려워졌다.

불확실성이 높아진 시대에 돌봄으로부터 자유로운 사람은 아무도 없다는 점에서 돌봄은 이제 모두의 의무이자 권리가 되어야만 할 것이다. 모두를 위한 돌봄이 우리를 위한 돌봄이고 궁극적으로 나를 돕는 돌봄이다. 이를 실현하기 위한 유용한 정책 수단으로 본 장에서 제안하는 제도가 돌봄 참여소득과 공동생산이다.

돌봄 참여소득은 사람을 돕는 활동뿐 아니라 자연환경을 돌보는 활동까지 일정한 생활소득을 지급하는 제도이다. 주지하다시피 특정한 사회제도는 인간의 행동을 전환시키는 힘이 있다. 인간뿐 아니라 자연까지 망라하여 '세상을 돌보는 역량'을 강화하는 데 참여소득이라는 제도를 활용하자는 것이 이 글의 주장이다. 다만 가시적인 시장노동과 달리 사회적으로 가치 있지만 비가시적인 참여 활동을 어떻게 구분하고 모니터할 것인가 하는 부분이 참여소득의 결정적 한계점이다.

이글에서는 참여소득의 단점을 극복하기 위한 해결책으로 네덜란드와 스코틀랜드의 공동생산과 공동수립 실험사례를 소개하였다. 네덜란드 신뢰 실험에서는 신청자가 사회적으로 유용한 활동을 스스로 선택하고 수행하는 방식을 통해 고용 기회 개선뿐 아니라 사회참여와 주관적 건강 및 만족도에서 좋은 결과를 경험하였다. 스코틀랜드에서는 한부모 집단을 대상으로 지역 고용 서비스를 제3섹터-공공 부문 파트너십이 공동생산한 결과 모두가 만족할만한 성과를 확인하였다.

위와 같은 결과는 왜 돌봄 참여소득 제도와 공동생산제도가 필요하며 이 두 가지 제도가 병행되어야 하는지를 설명해준다. 공동생산의 핵심에는 시민들의 민주적 참여와 소통하고 합의하는 자발적 과정이 중요하다. 이를 잘 이행하는 조직 방식은 사회적협동조합과 같은 제3섹터일 것이다.

우리나라도 지역에서 문제를 발굴하고 주민들과 함께 해결책을 고민하는 사회적협동조합이 많이 존재한다. 이런 사회적협동조합과 정부조직이 함께 지역의 다양한 공공서비스를 민주적으로 공동생산하고 이들에게 참여소득을 지급하는 공동생산-참여소득제를 적극 검토해 볼 만하다.

참고문헌

- 김미옥, 박광옥, 「발달장애인 이용자 중심성에 기초한 공동생산(Co-production) 적용의 전망과 함의」, 『한국장애인복지행정학』, 22(2): 25-53, 2020
- 김정훈, 최석현, 「사회적 시민권과 참여소득에 관한 소고」, 『지역발전연구』, 27(3): 119-146, 2018.
- 김희강, 「돌봄국가: 복지국가의 새로운 지평」, 『정부학연구』, 22(1): 5-30, 2016
- 김희강, 『돌봄민주국가 : 돌봄민국을 향하여』, 박영사, 2022
- 노대명, 이선우, 오단이, 김솔휘, 김민지, 『사회서비스분야 사회적경제 활성화 방안 연구』, 한국보건사회연구원, 2017
- 박광옥, 김미옥, 「발달장애인 지원에서 공동생산(Co-production) 접근은 가능한가? : Löffler의 공동생산 원칙 적용을 위한 실행연구」, 『한국장애인복지학』, 51(51), 335-368, 2021
- 양난주, 임세희, 한성윤, 「사회서비스 제공기관의 영리 · 비영리성이 이용자 만족도에 미치는 영향」, 『한국사회복지행정학』, 14(4): 27-52, 2012
- 우미숙, 「사회적경제와 제도정치의 다리를 잇겠습니다 : 김보라 안성시장, 『한겨레』, 2020.7.2
- 은민수, 「기본소득과 유사 정책들 비교」, 『모두의 경제적 자유를 위한 기본소득』, 경기연구원(편), 다할미디어, 2020
- 은민수, 「기본소득'들'의 특성과 쟁점」, 『공정사회를 만드는 새로운 복지』. 시공사, 2021
- 이경미, 「사회혁신을 추동하는 사회적경제: 공동체주택 사례를 중심으로」, 『경제와 사회』, 126, 336-378, 2020

- 이경미, 민윤경, 「공동생산(co-production)에 기반한 공동체주택의 의미에 대한 탐색」, 『한국지역사회복지학』, 66, 165-200, 2018
- 이새벽, 「지역사회 문제 해결하는 협동조합, 정책으로 무엇을 지원해야 하나」, 『라이프인』, 2023.11.5
- 이재용, 김지수, 「행정서비스 공동생산 개념 정립 및 유형화에 관한 탐색적 연구 : 지방자치단체 사례를 중심으로」, 『국가정책연구』, 34(1), 47-74, 2020
- 장종익, 『협동조합 비즈니스 전략』, 동하, 2014
- 장종익, 「사회적경제 개념에 관한 고찰 : 비영리 섹터 개념과의 비교를 중심으로」, 『사회적기업연구』, 12(3): 35-61, 2019a
- 장종익, "의료서비스의 공동생산과 지역공동체 만들기 모델을 실현한 안성의료복지사회적협동조합"『사회적경제 우수사례 분석』, 한신대학교, 한국사회적기업진흥원 pp.54-69. 2019b
- 장종익, 『협동조합 경영론』, 박영사, 2023
- 정무권, 「복지국가의 미래와 사회적 경제의 새로운 역할: 지역공동체 복지레짐의 형성」, 『지역발전연구』, 29(3): 191-249, 2020
- 정무권, 「포스트 성장전략과 관계적 복지 : 미래 복지국가 패러다임」, 『사회정책연합 학술대회 발표 논문』, 한국보건복지인력개발원, 11, 17-18, 2023
- 조성은, 정무권 외, 「한국 복지국가의 전망 : 한국형 복지국가 모델의 경로와 지향」, 경제인문사회연구회 협동연구총서 23-47-01, 2023
- 트론토, 조안 C, 『돌봄 민주주의』, 김희강, 나상원 옮김, 2013. 아포리아, 2013
- 홍기빈, 정태인, 『사회적경제 사상 연구 및 실제적 적용에 관한 연구』, 칼폴라니사회경제연구소, 서울시 사회적경제지원센터, 2015

- Alford, J. L., Engaging Public Sector Clients: From Service-Delivery to Co-production, Basingstoke, 2009
- Archer, Margaret S., Realist Social Theory: The Morphogenetic Approach, Cambridge University Press, 1995
- Archer, Margaret S., Making our Way through the World: Human Reflexivity and

Social Mobility, Cambridge University Press, 2007

- Atkinson, Anthony, "The Case for a Participation Income", Political Quarterly, 67:67-70, 1996

- Atkinson, Anthony, Inequality: What Can Be Done? Harvard University Press, 2015

- Atkinson, Sara, et al., 2020. "Being Well Together: Individual subjective and Community Wellbeing." Journal of Happiness Studies, 21: 1903-1921, 2020

- Bansal, S., Garg, I., & G. D. Sharma, "Social entrepreneurship as a path for social change and driver of sustainable development: A systematic review and research agenda." Sustainability, 11(4): 1091, 2019

- Bhaskar, Roy, A Realist Theory of Science, Verso, 1975

- Bohnenberger, K., "Money, vouchers, public infrastructures? A framework for sustainable welfare benefit", Sustainability, 12(2): 596, 2020

- Bonvin, J-M. and Ziegler, H., "Social services, democracy and the capability approach: concluding reflections". Social Work and Society, 18, 1, 2020

- Borzaga, C. & J., Defourny, "Conclusions: Social enterprises in Europe, a diversity of initiatives and prospects." The Emergence of Social Enterprise, eds. C. Borzaga & J. Defourny, 350-370, 2001

- Borzaga, C., S. Depedri, and G. Galera, 2012. "Emergence, evloutionand characteristics of social cooperatives: The Italian experience in an international perspective," 경기복지재단 심포지움 발표문, 2012. 11.15

- Borzaga, C. and E. Tortia, "Chapter 1. Social Economy Organisations in the Theory of the Firm" Noya, A., & Clarence, E. (Eds.). The Social Economy: Building Inclusive Economies, OECD, 2007

- Borzaga, C., & G. Galera, "Innovating the provision of welfare services through collective action: the case of Italian social cooperatives." International Review of Sociology, 26(1), 31-47, 2016

- Boyle, D. & Harris, M., The Challenge of Co-production, How equal partnerships between professionals and the public are crucial to improving public services, NESTA, 2009

- Bovaird, T., "Beyond Engagement and Participation: User and Community Coproduction of Public Services", Public Administration Review, 67(5), 846-860, 2007

- Brandsen, T. and V. Pestoff, 'Co-production, the third sector and the delivery of public services', Public Management Review, 8, 4, 493–501, 2006

- Brandsen, Taco, Victor Pestoff & Bram Verschuere, Co-Production and the third sector: The state of the art in research, Volantas, 23(4), 1083~1101, 2012

- Brandsen, T., Verschuere, B. and Steen, T., Co-Production and Co-Creation, Routledge, 2018

- Chaves, R. & J. Monzón, The Social Economy in the European Union, European Economic and Social Committee, 2007

- Cottam, Hilary, "Relational Welfare", Soundings, 48(August): 134-144, 2011

- Cottam, H., Radical Help: How We Can Remake the Relationships between Us and Revolutionize the Welfare State, Georgina Capel Associates LTD, 2018(『레디컬 헬프 : 돌봄과 복지제도의 근본적 전환』, 박경현, 이태인 옮김, 착한책가게, 2020)

- Cottam, Hilary, "Welfare 5.0: Why we need a social revolution and how to make it happen. UCL Institute for Innovation and Public Purpose (IIPP)", Policy Report, (IIPP WP 2020-10), 2020

- Defrouny, Jacques, and Nyssens, Marthe, "The EMES approach of social enterprise in a comparative perspective" EMES Working Paper Series, 2012

- Deranty, J. P., "Post-work society as an oxymoron: why we cannot, and should not, wish work away", European Journal of Social Theory, 2021

- Donati, Pierpaolo, and Archer, Margaret S., The Relational Subject, Camridge University Press, 2015

- Donati, Pierpaolo, "Social Capital and Associative Democracy: A Relational Perspective", Journal for the Theory of Social Behavior, 44(1): 24-45, 2013

- Doyal, Len, and Gough, Ian, A Theory of Human Need, Springer, 1991

- Engster, Daniel, 『돌봄: 정의의 심장』, 김희강, 나상원 옮김, 박영사, 2017

- EURICSE·ICA, World Cooperative Monitor: Exploring the Cooperative Economy, Report 2020, 2020

- Evers Adalbert. and Laville Jean-Louis., "Defining the third sector in Europe", in Evers Adalbert. and Laville Jean-Louis, (eds), The Third Sector in Europe, 11–42, Edward Elgar, 2004

- Fisher, B. and Tronto, J., "Toward a feminist theory of caring", in E. Abel and M. Nelson (eds.), Circles of Care: Work and Identity, SUNY Press, 35–62, 1990

- Fitzpatrick, Tony, Freedom and Security, Palgrave Macmillan. 1990

- Folgheraiter, Fabio, "Relational Social Work: Principles and Practices", Social Policy & Society, 6(2): 265-274, 2007
- Gergen, Kenneth J., Relational Being: Beyond Self and Community, Oxford University Press, 2009
- Gorz, A., Reclaiming Work: Beyond the Wage-based Society, Blackwell Publishing, 1999
- Gough. I., "Universal Basic Services: A Theoretical and Moral Framework". The Political Quarterly, 90(3), 2019
- Griffiths, M.,"Co-production", Presentation at ESF Transnational Platform Thematic Network on Partnership Meeting, Dublin, November 27, 2016
- Groot, L., Muffels, R. and Verlaat, T., 'Welfare states' social investment strategies and the emergence of Dutch experiments on a minimum income guarantee'. Social Policy and Society, 18, 2, 277–87, 2019
- Hännien, Sakari, Lehtelä, Kirsi-Marja, and Saikkonen, Paula, The Relational Nordic Welfare State: Between Utopia and Ideology, EE Elagar, 2019
- Heimburg, Dina von, and Ness, Ottar, "Relational welfare: a socially just response to co-creating health and wellbeing for all" Scandinavian Journal of Public Health, 49(6): 639-652, 2021
- Held, Virginia, 『돌봄: 돌봄윤리, 개인적, 정치적, 지구적』, 김희강, 나상원 옮김, 박영사, 2017
- ILO, Decent work and the social and solidarity economy, ILO resolution, June, 2022
- Koch, M., "Sustainable welfare, degrowth and eco-social policies in Europe", in B. Vanhercke, D. Ghailani and S. Sabato (eds.), Social Policy in the European Union: State of Play, European Trade Union Institute and European Social Observatory, 37–52, 2018
- Larsen, F. and Caswell, D., "Co-creation in an era of welfare conditionality: lessons from Denmark", Journal of Social Policy, 2020
- Laruffa, Francesco, "What is a capability-enhancing social policy?: Individual autnomy, democratic citizenship and the insufficience of the employment-focused paradigm", Jounal of Human Development and Capabilities, 21(1): 1-16, 2019
- Laruffa, F, McGann. M and Murphy, M., "Enabling Participation Income for an Eco-Social State", Social Policy & Society, 21(3): 508–519, 2022

- Laville, Jean-Louis, Plural economy in the Human Economy: A Citizen's Guide, Keith Hart, and et al. (eds.). Polity Press, 2006

- Lengnick-Hall, C., V. Claycomb and L. Inks, "From recipient to contributor: examining customer roles and experienced outcomes", European Journal of Marketing, 34, pp.359–383, 2000

- Lindsay, C., Pearson, S., Batty, E., Cullen, A.M. and Eadson, W., "Street-level practice and the co-production of third sector-led employability services", Policy & Politics, 46(4): 571–587, 2018

- Löffler, E., "A future research agenda for co-production: overview paper", in Local Authorities and Research Councils' Initiative, 2010, Co-production: A series of commissioned reports, Swindon: Research Councils UK, 2009

- Macintyre, Aladsair, After Virtue: A Study in Moral Theory, Third edition, University of Notre Dame Press, 2007

- MacPherson, I., Cooperative Principles for the 21st Century, International Cooperative Alliance, 1996

- McGann, M and Murphy, M.,"Income Support in an Eco-Social State: The Case for Participation Income", Social Policy & Society, 1- 15, 2021

- Means, R., S. Richards, & R. Smith, Community Care: Policy and Practice, Bloomsbury Publishing, 2008

- Monzón, J. & Chaves, R., The Social Economy in the European Union, European Economic and Social Committee, 2012

- Muffels, "Dutch Local Trust Experiments: Workfare or Social Investment –What Works Better and Why?" in Laenen, T. Meuleman, B. , Otto, A., Roosma, F., & Van Lancker, W. Leading social policy analysis from the front: Essays in honour of Wim van Oorschot, Acco Press, 151–68.

- Muffels, R., Gielens, E. and Vos, S., "Job search, employment capabilities and well-being of people on welfare in the Dutch 'Participation Income' experiments", in E. Muffels and E. Gielens (eds.), Empirical Research on an Unconditional Basic Income in Europe, Springer, 109–38, 2019

- Noya, A., & Clarence, E. (Eds.), The Social Economy: Building Inclusive Economies, OECD, 2007

- Nussbaum, Martha, The Fragility of Goodness: Luck and Ethics in Greek Tragedy and

Philosophy, Cambridge University Press, 1986

- Nussbaum, Martha, Creating Capabilities: the Human Development Approach, Harvard University Press, 2011

- OECD, Together for Better Public Services: Partnering with Citizens and Civil Society, 2011

- OECD, Social economy and the covid-19 crisis : Current and future role, OECD Publishing, 2020

- Osborne, S. & Strokosch, K., "It Takes Two to Tango? Understanding the Co-Production of Public Services by Integrating the Services Management and Public Administration Perspectives", British Journal of Management, 24 (S1): S31-S47, 2013

- Parks, R. B., Baker, P. C., Kiser, L., Oakerson, R., Ostrom, E., Ostrom, V., Wilson, R., "Consumers as coproducers of public services: Some economic and institutional considerations", Policy Studies Journal, 9(7), 1001–1011, 1981

- Penny, J., Slay, J., & Stephens, L., People powered health co-production catalogue, Nesta, 2012

- Pérez-Muñoz, C., "A Defence of Participation Income", Journal of Public Policy, 36(2): 169–193, 2016

- Pérez-Muñoz, C,"Participation income and the provision of socially valuable activities", Political Quarterly, 89(2): 268–72, 2018

- Pestoff Victor, Beyond the Market and State. Social Enterprises and Civil Democracy in a Welfare Society, Aldershot, Ashgate & English Editions, 1999

- Pestoff, Victor, "Citizens and Co-Production of Welfare Services: Childcare in eight European countries", Public Management Review, 8(4), 503-519, 2006

- Pestoff, V., "Towards a paradigm of democratic participation: Citizen participation and co-production of personal social services in Sweden", Annals of Public and Cooperative Economics, 80(2): 197-224, 2009a

- Pestoff, Victor, A Democratic Architecture for the Welfare State, Routledge, 2009b

- Pesstoff, Victor, "Co-production and Third Sector Social Services in Europe: Some Concepts and Evidence." Voluntas, 23(4): 1102-1118, 2012

- Pestoff, Victor, Brandsen, Taco, and Verschuere, Bram (eds.). New Public Governance, The Third Sector and Co-production, Routledge, 2012

- Polayni, K., The Great Transformation: The Political and Economic Origins of Our

Time, 1944 (『거대한 전환: 우리 시대의 정치·경제적 기원』, 홍기빈 옮김, 길, 2009)

- Polanyi, Karl, The Livelihood of Man, Academic Process, 1977
- Schlappa, H. & Ramsden, P., Co-production: A new perspective on partnership, The Urbact Tribune, Urbact Secretariat, 2011
- Scholz, T., Platform Cooperativism: Challenging the Corporate Sharing Economy, Rosa Luxemburg Siftung, 2016
- SCIE(Social Care Institute for Excellence), Co-production in social care: What it is and how to do it, 2015
- Sen, Amartya, Development as Freedom, Oxford University Press, 1999
- Sen, Amartya, The Idea of Justice, Belknap Press, 2011
- Stott, L., Co-Production: Enhancing the Role of Citizens in Governance and Service Delivery, Publications Office of the European Union, 2018
- Sen, Amatya, 『정의의 아이디어』, 이규원 옮김, 지식의 날개, 2021
- Standing, Guy, Basic Income-and How We can Make It Happen, 2017(『기본소득-일과 삶의 새로운 패러다임』, 안효상 옮김, 창비, 2018)
- Swaton, S., "For an ecological transition income", 2018
- Taylor, Charles, Sources of the Self: The Making of the Modern Identity, Harvard University Press, 1989
- Tronto J. C. Caring Democracy, 2013(『돌봄 민주주의』, 김희강, 나상원 옮김 박영사, 2022)
- Uhlaner, C. J., "Relational Goods and Participation: Incorporating Sociability into a Theory of Rational Action", Public Choice, 62, 253-285, 1989
- Van Parijs, Philippe, "Basic Income: A Simple and Powerful Idea for the Twenty-first Century", Politics & Society, 32(1): 7-39, 2004
- Van Parijs, P. and Vandervorght, Y.M, 『21세기 기본소득』, 홍기빈 옮김, 흐름출판, 2018
- Voorberg, W.H., Bekkers, V.J.J.M. & Tummers, L.G., "A systematic review of co-creation and co-production: Embarking on the social innovation journey:, Public Management Review, 17 (9): 1333-1357, 2014
- White, Sara C., "Relational wellbeing: A theoretical and operational approach", Bath Papers in International Development and Wellbeing, No. 43. University of Bath, Centre for Development Studies(CDS), Bath, 2015

- White, Sara C., "Relational wellbeing: re-centering the politics of happiness, policy and the self", Policy & Politics, 45(2): 121-36, 2017
- White, Sara C., and Jah Sherya, "Exploring the Relational in Relational Wellbeing", Social Sciences, 12: 600, 2023
- White, Stuart, "Review Article: Social Rights and the Social Contract – Political Theory and the New Welfare Politics", British Journal of Political Science, 30: 507-32, 2000
- White, Stuart, Should a minimum income be unconditional?, in S. Civitarese and S. Halliday (eds.), The Fate of Social Welfare in an Age of Austerity: Socio-Economic Rights in Europe, Routledge, 181-96, 2017
- Zamagni, S. & L. Bruni, Civil Economy, 2007 (『21세기 시민경제학의 탄생 : 관계 속 행복의 관점으로 경제학을 재구성하다』, 제현주 옮김, 북돋움, 2015)

한뼘문고 07

돌봄과 사회적경제

초판 1쇄 펴낸날   2025년 3월 15일

지은이 은민수, 이경미, 장종익, 정무권   기획처 돌봄과미래

펴낸이 이보라   펴낸곳 건강미디어협동조합

등록 2014년 3월 7일 제2014-23호   주소 서울시 중랑구 사가정로49길 53

전화 010-2442-7617   팩스 02-6974-1026   전자우편 healthmediacoop@gmail.com

값 9,000원   ISBN 979-11-87387-40-4 03330